# CARL JUNG PSICODÉLICO

**Arquetipos, Inconsciente Colectivo,
La Sombra y los Viajes Psicodélicos**

Guía para Transformar Viajes Psicodélicos
con los Arquetipos de Jung. Incluye casos, ejercicios,
análisis junguianos y anexo de sustancias psicoterapéuticas

**Por
Daniel J. Hope**

Primera edición febrero de 2025

# Contenido

# Introducción: La Experiencia Psicodélica y Carl Jung

A lo largo de la historia, las sustancias psicodélicas han sido empleadas en contextos espirituales, terapéuticos y de exploración personal. Desde los rituales chamánicos con hongos psilocibios hasta las investigaciones contemporáneas con LSD y DMT, estos compuestos han servido como catalizadores de experiencias que desafían nuestra percepción de la realidad. En los últimos años, la ciencia ha retomado el estudio de su potencial para el tratamiento de trastornos como la depresión, la ansiedad existencial y el estrés postraumático. No obstante, su uso requiere una aproximación cuidadosa, pues su impacto en la mente es profundo y complejo, capaz tanto de abrir puertas al autoconocimiento como de confrontar al individuo con aspectos difíciles de su psique.

Este libro está dirigido a quienes desean explorar el vínculo entre los estados psicodélicos y la psicología analítica de Carl Jung. Aunque Jung no fue ningún consumidor regular de estas sustancias, sus ideas sobre la psique resuenan sorprendentemente con los relatos de quienes han atravesado estos estados. Sus conceptos del inconsciente colectivo, los arquetipos, la Sombra y el proceso de individuación ofrecen un marco valioso para comprender lo que muchos describen como experiencias transformadoras.

Las experiencias psicodélicas frecuentemente conducen a encuentros con la Sombra, esa parte de nosotros que contiene todo lo que hemos reprimido o rechazado. En un "mal viaje", esta confrontación puede manifestarse como visiones aterradoras o emociones intensas, pero también puede ser una oportunidad para integrar aspectos olvidados de nuestro ser. De igual modo, la disolución del ego bajo los efectos de estas sustancias puede brindar una sensación de conexión con un nivel más profundo de la psique, lo que Jung describió como el inconsciente colectivo. En este espacio simbólico, aparecen figuras que representan fuerzas primordiales de la mente: el Anciano Sabio, la Gran Madre, el Embaucador, el Héroe. Enfrentarlas y comprender su significado puede ser clave en el proceso de autoconocimiento y transformación.

A lo largo de estas páginas, analizaremos cómo los psicodélicos pueden facilitar el acceso a estas dimensiones de la mente, comparando relatos contemporáneos con la teoría junguiana. Exploraremos cómo la integración de la Sombra puede promover un mayor equilibrio psicológico, cómo las experiencias de unidad pueden reflejar la inmersión en estructuras psíquicas profundas y cómo el encuentro con los arquetipos puede ayudar en el viaje hacia la individuación.

No obstante, este libro no busca idealizar ni promover el uso indiscriminado de estas sustancias. Su poder radica en el contexto en el que se utilizan, la intención con la que se abordan y la preparación emocional y mental de quien las experimenta. Sin una adecuada preparación y contención, pueden generar confusión y efectos adversos. Por ello, exploraremos la importancia de la integración posterior a la experiencia, un aspecto fundamental para extraer enseñanzas valiosas y evitar caer en interpretaciones desorientadoras.

Además del análisis teórico y los relatos de experiencias, este libro incluye un anexo con información detallada sobre las principales sustancias psicoactivas empleadas en entornos terapéuticos y rituales, ofreciendo datos sobre sus efectos, historia y riesgos potenciales. Se trata de una guía que permitirá a los lectores ampliar su conocimiento sobre estas herramientas y su impacto en la psique.

El propósito de estas páginas es contribuir al diálogo sobre el papel de los psicodélicos en la transformación psicológica y su relación con la psicología analítica. Que este libro sirva como un mapa para quienes buscan comprender mejor los territorios interiores que estas experiencias pueden revelar, recordando siempre que cada viaje es único y que el camino hacia el autoconocimiento es personal e irrepetible.

Daniel J. Hope

**AVISO LEGAL:** Este libro tiene fines educativos e informativos. No promueve ni recomienda el uso de sustancias psicoactivas fuera de contextos legales y terapéuticos adecuados. Cada persona es responsable de sus decisiones y debe informarse con especialistas antes de considerar su uso. Este material no sustituye la orientación médica o psicológica profesional.

# Carl Jung: Arquitecto de Mundos Interiores

Carl Gustav Jung nació en 1875 en Suiza y se convirtió en uno de los más grandes exploradores de la mente humana. Su obra sigue siendo una brújula esencial para quienes buscan comprender la psique, especialmente en el contexto de las experiencias psicodélicas. Aunque nunca experimentó con sustancias psicoactivas, su teoría del inconsciente colectivo y los arquetipos ofrece una clave para descifrar los patrones simbólicos que emergen en estados alterados de conciencia. A diferencia del inconsciente personal, que alberga recuerdos y emociones individuales, Jung identificó una capa más profunda de la mente, un sustrato universal compartido por toda la humanidad. En este vasto depósito psíquico residen figuras arquetípicas que han moldeado mitos, religiones y sueños a lo largo de la historia. Hoy, la neurociencia moderna comienza a revelar que estas mismas estructuras simbólicas surgen con nitidez en los viajes psicodélicos, como si la mente accediera a una matriz primordial que ha existido desde siempre.

Desde su infancia, Jung mostró una conexión intensa con lo simbólico. Tuvo sueños vívidos que lo marcaron profundamente, como aquel en el que descubría un subterráneo secreto donde un enorme falo descansaba en un trono. Esa imagen, que en su adultez interpretó como la manifestación de lo divino en lo instintivo, se asemeja a las visiones arcaicas que emergen en estados alterados de conciencia, donde formas geométricas, entidades primordiales y símbolos enigmáticos parecen comunicar mensajes más allá de las palabras. Este interés por lo numinoso lo llevó a desarrollar una psicología que no se limitaba a los aspectos racionales del comportamiento humano, sino que incluía lo irracional, lo espiritual y lo mitológico como elementos fundamentales de la psique.

La ruptura con Freud en 1913 marcó el inicio de un período de profunda exploración interior. En su búsqueda por comprender la mente más allá del modelo psicoanalítico tradicional, Jung comenzó un proceso de introspección radical que él mismo describió como su "encuentro con el inconsciente". Durante años documentó visiones caóticas y conversaciones con figuras arquetípicas mediante la técnica de la imaginación activa, que consistía en permitir que imágenes y personajes del inconsciente se manifestaran sin censura, estableciendo un diálogo consciente con ellos. Este método, que hoy encuentra paralelismos en la psicoterapia asistida por psicodélicos, permitía que el material psíquico reprimido emergiera y se integrara en la consciencia. Las experiencias que plasmó en *El Libro Rojo* revelan un mundo simbólico en constante transformación, un territorio que también exploran quienes ingresan en estados visionarios bajo el efecto de sustancias enteogénicas.

Las ideas de Jung sobre la psique encuentran múltiples conexiones con los relatos de experiencias psicodélicas. La estructura del inconsciente colectivo, por ejemplo, se manifiesta de manera asombrosa en estados alterados, donde aparecen figuras y escenarios universales que evocan mitologías antiguas. Usuarios de ayahuasca describen encuentros con serpientes cósmicas que transmiten conocimiento ancestral, recordando la iconografía de culturas prehispánicas y el simbolismo de la serpiente como agente de transformación. Experiencias con psilocibina suelen incluir la sensación de una muerte simbólica, seguida de una profunda renovación, un proceso que resuena con el arquetipo del renacimiento, presente en tradiciones de todo el mundo. Durante estos estados, la mente parece entrar en contacto con fuerzas primordiales que trascienden lo personal y se inscriben en la historia colectiva de la humanidad.

El concepto de la Sombra, desarrollado por Jung, es otro de los elementos centrales que emergen en los viajes psicodélicos. La Sombra representa todo aquello que hemos reprimido o rechazado de nosotros mismos, aspectos de nuestra personalidad que, si no se integran, pueden manifestarse de manera disfuncional en la vida cotidiana. Muchas personas que atraviesan experiencias psicodélicas intensas se encuentran con figuras monstruosas o escenarios aterradores, lo que a menudo se interpreta como la proyección de su propia Sombra. En el ámbito terapéutico, esta confrontación puede ser profundamente sanadora. Casos como el de un CEO que, durante un viaje con hongos, se vio enfrentado a una versión infantil de sí mismo—una parte vulnerable que había negado durante décadas— ilustran cómo la integración de la Sombra puede liberar una enorme cantidad de energía psíquica. Para Jung, la individuación, el proceso de convertirnos en seres humanos completos, requiere precisamente esta reconciliación con lo que hemos tratado de mantener en la oscuridad.

Otro de los conceptos clave de Jung que encuentra eco en la fenomenología psicodélica es la sincronicidad, la conexión entre eventos aparentemente no relacionados, unidos por un significado profundo. En estados psicodélicos, muchas personas reportan una percepción intensificada de patrones en la realidad, como si todo estuviera interconectado por una red invisible. La sensación de unidad cósmica, típica de los viajes con LSD, parece responder a este principio, donde el mundo se percibe como un organismo vivo y consciente. Desde una perspectiva neurocientífica, se ha observado que, bajo la influencia de psicodélicos, la Red Neuronal por Defecto (DMN) se desactiva, permitiendo un flujo más libre de información entre diferentes áreas del cerebro. Esta desestructuración del ego puede explicar la percepción de interconectividad, al reducir las barreras entre la identidad personal y el resto del universo.

A pesar de que Jung nunca experimentó con sustancias visionarias, mantuvo un diálogo indirecto con el mundo de lo psicodélico. En una carta de 1960, reconoció que estos compuestos podían abrir una puerta hacia lo numinoso, pero advirtió sobre los peligros de usarlos sin una preparación adecuada. Su interés por los Misterios de Eleusis, antiguos ritos griegos donde se sospecha que se utilizaban sustancias enteogénicas, sugiere que comprendía la relación entre la experiencia mística y los estados inducidos por químicos naturales. Para él, el acceso a lo trascendental debía ir acompañado de un proceso de integración y simbolización, algo que hoy en día se considera clave en el uso terapéutico de psicodélicos.

El legado de Jung resuena en la revolución psicodélica actual. Su enfoque en los arquetipos ha sido adoptado en protocolos terapéuticos modernos, donde la música, los rituales y las imágenes simbólicas juegan un papel crucial en la integración de la experiencia. La neurociencia ha comenzado a validar muchas de sus intuiciones, mostrando que los psicodélicos facilitan el acceso a niveles profundos del inconsciente, un fenómeno que él ya había descrito desde una perspectiva simbólica. Además, los testimonios de personas que, bajo el efecto de estas sustancias, reviven memorias ancestrales y conectan con sus raíces culturales, coinciden con su idea de que el inconsciente colectivo no solo es una dimensión psíquica, sino también un canal de transmisión de la historia y la identidad de los pueblos.

El trabajo de Jung ofrece un mapa para interpretar las visiones psicodélicas, ayudando a transformar experiencias desconcertantes en herramientas de crecimiento. Al comprender que lo que emerge en estos estados no son meras alucinaciones, sino manifestaciones de la estructura profunda de la psique, los viajeros pueden aprender a navegar su mente con la misma reverencia con la que un junguiano analiza los sueños. Como él mismo escribió en *Recuerdos, Sueños, Pensamientos*:

*"Quien mira hacia afuera, sueña; quien mira hacia adentro, despierta."*

# 1. El Cruce de Caminos entre Jung y lo Psicodélico

La psicología junguiana ofrece un marco invaluable para comprender y navegar las experiencias profundas que emergen bajo el influjo de las sustancias psicodélicas. Carl Jung, el renombrado psiquiatra y psicoanalista suizo, construyó una teoría de la psique humana que trasciende lo individual y se adentra en los territorios del inconsciente colectivo. Esta dimensión compartida de la mente alberga arquetipos universales, patrones simbólicos primordiales que moldean nuestras percepciones, emociones y comportamientos más profundos.

Jung estableció una distinción fundamental en la estructura de la psique: por un lado, el inconsciente personal, que contiene material psíquico único del individuo como memorias suprimidas, traumas no procesados y aspectos rechazados del yo; por otro, el inconsciente colectivo, un sustrato más profundo compartido por toda la humanidad que trasciende la experiencia individual. Este último alberga los arquetipos, patrones universales de comportamiento y percepción que Jung describió como 'imágenes primordiales' heredadas que moldean nuestra experiencia del mundo. Los arquetipos centrales incluyen el Héroe (el impulso hacia la autorrealización), la Sombra (aspectos negados del yo), el Ánima/Ánimus (la contraparte psíquica del género opuesto) y el Self (el centro organizador de la totalidad psíquica), cada uno emergiendo en momentos críticos del desarrollo psicológico y manifestándose a través de símbolos específicos en sueños, visiones y experiencias místicas.

Las sustancias psicodélicas catalizan encuentros extraordinariamente vívidos con estos arquetipos, permitiendo experimentarlos con una intensidad raramente alcanzable en estados ordinarios de consciencia. La neurociencia moderna ha identificado un mecanismo crucial en este proceso: sustancias como la psilocibina (el compuesto activo de los hongos psilocibios), el LSD (dietilamida del ácido lisérgico) y la DMT (N,N-dimetiltriptamina) disminuyen marcadamente la actividad de la Red Neuronal por Defecto (DMN)[1]. Esta red cerebral, que incluye regiones como la corteza prefrontal medial y el precúneo, normalmente mantiene nuestra sensación de identidad estable y narrativa personal coherente. Su inhibición temporal permite que material psíquico normalmente inaccesible emerja a la consciencia con extraordinaria claridad y fuerza emocional. En este estado alterado, las representaciones arquetípicas del inconsciente colectivo pueden manifestarse como experiencias directas y significativas, trascendiendo las barreras habituales entre la consciencia ordinaria y los estratos más profundos de la psique.

Los viajes psicodélicos no son meras ilusiones caóticas, sino expresiones simbólicas de una matriz psíquica

---

[1] La Red Neuronal por Defecto (DMN) es un conjunto de regiones cerebrales interconectadas que se activan cuando no estamos enfocados en el mundo exterior. Se asocia con la autorreflexión, la divagación mental y la sensación de identidad personal.

universal. Investigaciones pioneras del equipo de Robin Carhart-Harris en el Imperial College de Londres[2] revelaron que las experiencias con psilocibina y DMT presentan patrones temáticos recurrentes en mitologías y cosmovisiones ancestrales, desde el Tíbet hasta la Amazonia. Este hallazgo sugiere que los psicodélicos pueden ser una puerta de acceso al inconsciente colectivo descrito por Jung, donde se manifiestan símbolos e imágenes arquetípicas de manera espontánea.

Este libro se propone analizar los relatos contemporáneos de experiencias psicodélicas a la luz de la psicología junguiana, estableciendo conexiones entre ambas perspectivas. Se explorarán los paralelismos entre las tecnologías místicas ancestrales —como la ayahuasca amazónica— y las prácticas psicodélicas modernas, así como ciertos aspectos característicos de estas experiencias, como la aparición de patrones geométricos fractales en las alucinaciones visuales, un fenómeno documentado en diversas culturas y épocas.

Aunque los psicodélicos ofrecen un potencial extraordinario para la exploración psíquica y la transformación personal, su uso requiere una aproximación cuidadosamente estructurada. La investigación contemporánea enfatiza la importancia crítica del 'set and

---

[2] Robin Carhart-Harris es un neurocientífico británico conocido por su investigación pionera sobre los efectos de los psicodélicos en el cerebro. Como director del Centro de Investigación Psicodélica en el Imperial College de Londres, ha realizado estudios innovadores sobre la psilocibina, el LSD y la DMT.

setting' - un concepto desarrollado por Timothy Leary que abarca la preparación psicológica del individuo (set) y las condiciones ambientales (setting)[3]. Un entorno terapéutico óptimo incluye: preparación psicológica exhaustiva, un espacio físico cuidadosamente diseñado que combine seguridad y estímulos sensoriales apropiados, presencia de facilitadores experimentados, y un protocolo de integración post-experiencia. Estos elementos no son accesorios sino fundamentales para catalizar experiencias transformadoras mientras se minimizan los riesgos psicológicos.

---

[3] Timothy Leary (1920-1996) fue un psicólogo y escritor estadounidense conocido por su defensa de los beneficios terapéuticos y espirituales de las sustancias psicodélicas. Acuñó la frase "Turn on, tune in, drop out" y desarrolló el concepto de "set and setting" para optimizar las experiencias psicodélicas. Set y Setting son conceptos fundamentales en la experiencia psicodélica. "Set" se refiere al estado mental, expectativas y preparación del individuo antes de la experiencia. "Setting" describe el entorno físico y social en el que ocurre la experiencia. Ambos factores influyen significativamente en la naturaleza y el resultado del viaje psicodélico.

# 2. La Sombra: Confrontación con lo Reprimido

Los estados alterados inducidos por sustancias psicodélicas funcionan como amplificadores de contenidos psíquicos que Jung denominó 'la Sombra': aquellos aspectos de nuestra personalidad que hemos reprimido, negado o relegado al inconsciente por resultar incompatibles con nuestra autoimagen consciente. Durante estas experiencias, el material sombrío emerge con una intensidad extraordinaria, manifestándose a través de una rica amalgama de visiones, sensaciones somáticas y estados emocionales que pueden resultar perturbadores pero potencialmente transformadores. A nivel neurobiológico, este fenómeno se relaciona con la reducción en la actividad de la corteza prefrontal medial y la red neuronal por defecto (DMN), estructuras cerebrales que normalmente actúan como filtros inhibitorios manteniendo estos contenidos fuera de la consciencia. La psilocibina[4] y sustancias similares debilitan temporalmente estos mecanismos de control, permitiendo que el material psíquico previamente inaccesible emerja e integre en la experiencia consciente, facilitando un diálogo más directo con aspectos negados de la personalidad.

---

[4] La psilocibina es el compuesto psicoactivo principal encontrado en los hongos psilocibios, comúnmente conocidos como "hongos mágicos". Actúa principalmente sobre los receptores de serotonina en el cerebro, produciendo efectos psicodélicos que incluyen alteraciones en la percepción, el estado de ánimo y los procesos cognitivos.

Las manifestaciones de figuras amenazadoras o demoníacas durante las experiencias psicodélicas, comúnmente denominadas 'mal viaje', representan expresiones simbólicas de aspectos reprimidos de la psique. Las investigaciones realizadas en el Imperial College de Londres bajo la dirección del Dr. Carhart-Harris han demostrado que estas visiones perturbadoras mantienen una correlación directa con traumas no procesados y conflictos psicológicos latentes. Por ejemplo, un patrón recurrente documentado muestra cómo las figuras monstruosas que aparecen durante estas experiencias suelen representar aspectos específicos del individuo: la vulnerabilidad no reconocida, la agresividad reprimida, o partes fragmentadas de la personalidad que buscan reintegración. Esta comprensión permite recontextualizar los 'malos viajes' no como experiencias puramente negativas, sino como oportunidades de confrontación y eventual integración de aspectos sombreados de la psique.

La manifestación de la Sombra durante estados psicodélicos trasciende el dominio visual para expresarse a través de intensas respuestas somáticas. Los participantes frecuentemente reportan sensaciones físicas específicas como opresión torácica, tensión muscular pronunciada, náuseas y escalofríos cuando confrontan aspectos reprimidos de su psique. Esta somatización de contenidos inconscientes valida la teoría junguiana sobre la tendencia del material psíquico no reconocido a manifestarse a través del cuerpo cuando no encuentra expresión consciente. Neurofisiológicamente, este fenómeno se relaciona con la activación del sistema nervioso autónomo, particularmente la respuesta simpática de 'lucha o huida', que intensifica tanto la carga emocional como la manifestación física de la experiencia[5]. Esta comprensión sugiere que las sensaciones corporales durante estados psicodélicos no son meros efectos secundarios, sino comunicaciones significativas del inconsciente que requieren atención e integración.

Dado su impacto, la integración posterior de estos encuentros con la Sombra es crucial. Entre las herramientas más eficaces se encuentra la escritura automática, técnica desarrollada inicialmente por los surrealistas y más tarde adoptada por Jung para acceder a capas más profundas del inconsciente. Este método consiste en escribir sin interrupción ni censura durante un tiempo determinado (generalmente entre 20 y 30 minutos), permitiendo que los pensamientos y emociones fluyan sin intervención del juicio consciente. Su efectividad es mayor en los días posteriores a la experiencia psicodélica, cuando la psique sigue permeable y receptiva.

Otro enfoque clave es la imaginación activa[6], una técnica junguiana que permite dialogar con las figuras emergentes del inconsciente. En el contexto psicodélico, este método se

---

[5] El sistema nervioso autónomo controla funciones involuntarias del cuerpo. La respuesta de "lucha o huida" es una reacción fisiológica al estrés que prepara al cuerpo para enfrentar amenazas, aumentando la frecuencia cardíaca, la presión arterial y la liberación de hormonas como la adrenalina.

[6] a imaginación activa es una técnica terapéutica desarrollada por Carl Jung. Implica entrar en un estado de conciencia relajado y permitir que imágenes y símbolos del inconsciente emerjan espontáneamente, interactuando con ellos de manera consciente para obtener revelaciones psicológicas.

adapta iniciando con una relajación profunda y la visualización de las entidades encontradas durante la sesión. A diferencia de la fantasía pasiva, la imaginación activa requiere una interacción consciente con estos símbolos, explorando sus mensajes sin perder el anclaje en la realidad. Es un proceso que demanda equilibrio: permitir que las imágenes se desplieguen libremente, pero sin perder la capacidad de recordar y procesar la experiencia.

El estudio de múltiples testimonios revela patrones recurrentes en la manifestación de la Sombra en estados psicodélicos. Un análisis de 500 reportes de sesiones con psilocibina identificó tres arquetipos principales: el Perseguidor, que representa la autocrítica extrema y la culpa; el Devorador, símbolo del miedo a la aniquilación del ego; y el Seductor, encarnación de deseos reprimidos y pulsiones negadas. La recurrencia de estos arquetipos en diferentes culturas y contextos refuerza la hipótesis de que la Sombra no es solo un fenómeno individual, sino una estructura universal de la psique humana.

Para abordar la integración de estos aspectos sombríos, se ha desarrollado el concepto del "mapa de la Sombra", una herramienta que ayuda a documentar y comprender las manifestaciones simbólicas de la experiencia. Este mapa incluye la identificación de visiones específicas, sensaciones físicas, patrones emocionales y su posible conexión con experiencias biográficas. A medida que se avanza en este proceso, emergen patrones que pueden no ser evidentes inmediatamente después del viaje, permitiendo una comprensión más profunda del material psíquico revelado.

Sin embargo, trabajar con la Sombra no es un proceso exento de riesgos. La confrontación prematura o no guiada con estos contenidos puede resultar abrumadora, especialmente cuando se trata de traumas profundos o aspectos del ser que han sido reprimidos durante años. Sin el apoyo y las herramientas adecuadas, estas experiencias pueden generar desestabilización emocional e incluso crisis psicológicas. Por ello, la preparación previa es esencial, incluyendo el desarrollo de prácticas de autorregulación y la construcción de una red de apoyo que brinde contención y acompañamiento.

En este contexto, el papel del facilitador o guía en experiencias psicodélicas es fundamental. No solo debe poseer un conocimiento sólido sobre la dinámica de estos estados de conciencia, sino también comprender la teoría junguiana y las implicaciones del trabajo con la Sombra. Su labor consiste en crear un espacio seguro donde la persona pueda explorar estos contenidos sin sentirse desbordada, así como proporcionar técnicas específicas para procesar e integrar la experiencia una vez concluida.

Además de la Sombra individual, las experiencias psicodélicas pueden revelar la Sombra colectiva, es decir, los aspectos reprimidos no solo a nivel personal, sino también cultural y social. Relatos de viajes psicodélicos han documentado encuentros con imágenes de violencia histórica, opresión o traumas heredados generacionalmente.

En estos casos, el proceso de integración no solo implica un trabajo personal, sino también una reflexión sobre el impacto de estas fuerzas en la sociedad y la manera en que pueden ser trascendidas.

La Sombra, lejos de ser un enemigo a vencer, es una fuente inagotable de transformación. Encararla con apertura y valentía permite redescubrir aspectos ocultos del ser y reintegrarlos en una identidad más completa. En este sentido, las experiencias psicodélicas, cuando son abordadas con intención y acompañamiento adecuado, se convierten en un poderoso catalizador de crecimiento y autoconocimiento.

# Ejercicio: Mapeo de aspectos de la Sombra

Después de un viaje psicodélico intenso, es común sentir que has entrado en contacto con partes de ti mismo que normalmente permanecen ocultas. Esos aspectos desafiantes, oscuros o incómodos que emergieron durante la experiencia son lo que Carl Jung llamó la Sombra. Este ejercicio te ayudará a identificar y explorar esos elementos usando la imaginación activa, una técnica que Jung desarrolló para dialogar con el inconsciente.

Primero, busca un momento tranquilo en los días posteriores a tu experiencia psicodélica, cuando las revelaciones aún estén frescas pero la intensidad haya decantado. Encuentra un espacio privado donde te sientas seguro y ten a mano un cuaderno.

Tómate unos minutos para aterrizar en el presente, sintiendo tu respiración y las sensaciones de tu cuerpo. Cuando estés listo, trae a tu mente esos momentos del viaje en los que sentiste la presencia de tu Sombra. Quizás tomó la forma de figuras amenazantes, dobles oscuros o energías densas. Permítete recordar sin juzgar, observando qué formas eligió tu inconsciente para mostrar esos aspectos ocultos.

En tu cuaderno, esboza un mapa de las figuras sombrías que recuerdes. No se trata de un análisis intelectual, sino de dejar que las imágenes fluyan. Puedes dibujarlas, escribir sobre ellas o simplemente anotar palabras clave. Lo importante es externalizar esos contenidos para poder explorarlos.

Elige la figura que más resuene contigo en este momento y entra en un diálogo imaginario con ella. Puede parecer extraño al principio, pero es una forma poderosa de integrar la Sombra. Pregúntale cómo se llama, qué representa, qué mensaje tiene para ti. Deja que se exprese a través de ti, ya sea escribiendo con tu mano no dominante, hablando en voz alta o simplemente escuchando las respuestas que surjan espontáneamente en tu mente.

Recuerda que este diálogo no busca reprimir o destruir la Sombra, sino comprenderla e integrarla. A menudo, detrás de su apariencia aterradora se esconden cualidades valiosas que hemos rechazado en nosotros mismos. El objetivo es construir una relación consciente con estos aspectos, para que dejen de operar inconscientemente y se conviertan en aliados.

Al finalizar, agradece a tu Sombra por mostrarse y sé consciente de cualquier cambio emocional o energético en ti. Permanece abierto a nuevas comprensiones en los días siguientes. Recuerda que cada encuentro con la Sombra, por desafiante que sea, es una oportunidad para sanar, crecer y reclamar partes perdidas de ti mismo.

# Caso: Confrontación con la Sombra en un Ejecutivo Corporativo

## Datos del Paciente
- Sexo: Masculino
- Edad: 45 años
- Ocupación: CEO de una empresa tecnológica
- Motivo de consulta: Ansiedad, insomnio, dificultad para mantener relaciones personales
- Sustancia: Psilocibina (5g hongos secos)
- Espacio: Sala de terapia privada, ambiente controlado con música instrumental suave
- Duración de la sesión: 6 horas

## Fase de Preparación (30 minutos antes de la ingesta)

Terapeuta: "¿Cómo te sientes hoy, Robert?"

Paciente: "Nervioso, pero decidido. He estado pensando mucho en lo que discutimos en las sesiones preparatorias."

Terapeuta: "¿Qué intención traes a la sesión?"

Paciente: "Quiero entender por qué me cuesta tanto conectar con las personas. Por qué siempre tengo que estar en control."

Terapeuta: "Muy bien. Recuerda que estás en un espacio seguro. ¿Estás listo para comenzar?"

Paciente: "Sí, estoy listo."

## Fase Inicial (0-45 minutos post-ingesta)

[T+0:20]

Paciente: (Inquieto) "Siento un hormigueo en el cuerpo... las manos me sudan. La luz parece diferente."

Terapeuta: "Es normal. Respira profundamente. ¿Puedes describir qué ves?"

Paciente: "Las sombras en la pared... se están moviendo. Como si tuvieran vida propia."

[T+0:35]

Paciente: (Tensión visible) "Mi corazón late muy rápido. Siento como si algo estuviera emergiendo..."

Terapeuta: "Estás seguro aquí. Permite que emerja lo que necesite emerger."

## Fase de Confrontación (45-120 minutos)

[T+1:00]

Paciente: (Agitado) "Veo... veo versiones de mí mismo. En la oficina. Pero son... son como demonios. Estoy gritando a mis empleados... Dios mío, ¿así me veo?"

Terapeuta: "Mantente presente con esas imágenes. ¿Qué sientes al verte así?"

Paciente: (Llorando) "Vergüenza. Profunda vergüenza. Soy igual que mi padre... exactamente igual que él."

[T+1:15]

Paciente: "Hay un niño... soy yo de pequeño. Está aterrorizado, escondido bajo un escritorio mientras mi padre grita en su oficina."

Terapeuta: "Quédate con ese niño. ¿Qué necesita?"

Paciente: (Sollozando) "Necesita que alguien lo proteja. Que le diga que no tiene que convertirse en eso... pero ya es tarde. Me convertí exactamente en lo que temía."

## Fase de Transformación (120-240 minutos)

[T+2:00]

Paciente: "Las figuras demoníacas... están cambiando. Se están convirtiendo en espejos. Me veo en cada uno de ellos... diferentes versiones de mí mismo."

Terapeuta: "¿Qué ves en esos reflejos?"

Paciente: "Veo poder... pero también veo miedo. Tanto miedo. Cada vez que grito, cada vez que humillo a alguien... es ese niño asustado tratando de tener control."

[T+2:30]

Paciente: (Más calmado) "Hay una figura nueva... es como una versión más sabia de mí mismo. Está abrazando al niño asustado."

Terapeuta: "¿Qué le dice esa figura al niño?"

Paciente: "Le dice que está seguro ahora. Que puede soltar el control... que el poder verdadero no viene del miedo."

## Fase de Integración (240-360 minutos)

[T+4:00]

Paciente: "Es como si pudiera ver todo el patrón ahora. Tres generaciones de hombres en mi familia, todos repitiendo el mismo ciclo de miedo y control."

Terapeuta: "¿Y qué sientes sobre romper ese ciclo?"

Paciente: "Siento... responsabilidad. Y también esperanza. Por primera vez, puedo ver claramente cómo el miedo ha estado dirigiendo cada decisión en mi vida."

[T+5:00]

Paciente: "Necesito hacer cambios. Grandes cambios. No puedo seguir liderando desde el miedo."

Terapeuta: "¿Qué tipo de líder quieres ser?"

Paciente: "Uno que construya en lugar de destruir. Que inspire en lugar de aterrorizar. (Pausa) Veo tan claramente ahora cómo mi sombra ha estado al mando... pero también veo que tiene dones que pueden usarse de manera diferente."

## Cierre (últimos 30 minutos)

Terapeuta: "Has hecho un trabajo profundo hoy. ¿Cómo te sientes mientras vamos cerrando?"

Paciente: "Agotado. Pero también más ligero. Como si hubiera soltado un peso que he estado cargando toda mi vida."

Terapeuta: "¿Qué te llevas de esta experiencia?"

Paciente: "La claridad de ver mi sombra por lo que realmente es. No es un monstruo que deba temer... es una parte herida de mí mismo que necesita integración, no dominación."

La sesión reveló un patrón transgeneracional de trauma relacionado con el poder y el control. El paciente mostró una significativa capacidad para confrontar aspectos sombríos de su personalidad, particularmente en su rol como líder empresarial. La experiencia facilitó una comprensión profunda de cómo su comportamiento autoritario emerge de heridas infantiles no resueltas.

# 3. Muerte del Yo y Renacimiento

La disolución del ego - técnicamente denominada 'experiencia oceánica' o 'estado místico unitivo' - constituye uno de los fenómenos más profundos y transformadores catalizados por sustancias psicodélicas. Durante este estado, las fronteras psicológicas que mantienen la identidad personal coherente se disuelven temporalmente, precipitando una experiencia de unidad con la totalidad de la existencia. Jung denominó a este fenómeno 'participación mística', un estado donde la diferenciación entre sujeto y objeto se desvanece. Para algunos individuos, esta experiencia representa una apertura transformadora hacia dimensiones transpersonales de la consciencia, manifestándose como una revelación mística o un reencuentro con lo sagrado. Para otros, especialmente aquellos con estructuras egoicas rígidas o traumas no resueltos, puede precipitar una crisis existencial al confrontar directamente el miedo fundamental a la pérdida de control y la disolución de la identidad construida.

La neurobiología de la disolución del ego se fundamenta en alteraciones específicas de la actividad cerebral. Las investigaciones con neuroimagen funcional han revelado que durante estados alterados inducidos por psicodélicos, la Red Neuronal por Defecto (DMN) - un conjunto de estructuras cerebrales que incluye la corteza prefrontal medial, el precúneo y la corteza cingulada posterior - experimenta una marcada disminución en su actividad. Esta red, considerada el sustrato neural del yo autobiográfico y la narrativa personal, normalmente mantiene la coherencia de nuestra identidad y nuestra percepción del tiempo. Cuando su actividad se reduce significativamente, la mente opera en un estado menos estructurado donde los límites habituales entre el yo y el no-yo se vuelven permeables. Este estado facilita una inmersión profunda en el inconsciente personal y colectivo, frecuentemente acompañada de una sensación de unidad fundamental con la existencia.

El proceso de fragmentación y reconstitución del ego encuentra profundas resonancias en los mitos universales de muerte y renacimiento, arquetipos fundamentales en la psicología analítica junguiana. En la mitología egipcia, el ciclo de Osiris - donde el dios es desmembrado y posteriormente reintegrado por Isis - representa el proceso arquetípico de desintegración y reconfiguración de la identidad. de manera similar, en la tradición dionisíaca griega, el sparagmos (desmembramiento ritual) y la posterior resurrección de Dioniso simbolizan la necesaria disolución de estructuras psíquicas rígidas y su subsecuente reintegración en un nivel superior de consciencia. Estos patrones mitológicos no son meras analogías, sino manifestaciones del inconsciente colectivo que proporcionan marcos de referencia para comprender y navegar la experiencia de disolución del ego, permitiendo reconceptualizar la aparente 'muerte del yo' como una fase necesaria en el proceso de transformación psicológica profunda.

Navegar este proceso puede ser un reto abrumador. Algunos recurren a "anclajes" sensoriales, como la respiración, el tacto de un objeto significativo o la repetición de un sonido familiar, para mantener una conexión con la realidad consensual. Otros, en cambio, optan por la entrega total, sosteniendo que cualquier intento de resistencia solo intensifica la angustia. Esta última postura implica un acto de confianza en la capacidad intrínseca de la psique para reconstituirse después de la desintegración.

El proceso de reintegración tras una disolución del ego es un territorio delicado, donde pueden emerger fenómenos como la "inflación del ego", en la que el individuo regresa con una sensación exagerada de su propia importancia o con creencias mesiánicas, sintiéndose poseedor de conocimientos únicos o de una misión trascendental. En el extremo opuesto, algunas personas pueden desarrollar síntomas de despersonalización o desrealización, sintiéndose desconectadas de sí mismas y del mundo, incapaces de volver a encajar en la narrativa de su identidad previa. Esto subraya la importancia de contar con recursos adecuados para integrar la experiencia, como la reflexión guiada, la escritura terapéutica o el acompañamiento profesional.

Es esencial diferenciar entre la disolución del ego como un fenómeno neuroquímico temporal y el éxtasis místico reportado en diversas tradiciones espirituales. Aunque ambos estados pueden implicar una sensación de unidad con el todo, el éxtasis místico suele ir acompañado de un sentido de significado y trascendencia que persiste más allá de la experiencia inmediata. En la tradición sufí, el término *fanaa* describe la aniquilación del yo en la unidad divina, un proceso de fusión con lo absoluto. de manera similar, en la filosofía hindú, *moksha* representa la liberación del ciclo de reencarnaciones y la realización de la identidad última del alma individual (*atman*) con la conciencia cósmica (*brahman*). Estas concepciones ofrecen una estructura interpretativa que permite dar sentido a la experiencia, contextualizándola dentro de un marco de transformación espiritual y autoconocimiento.

Un aspecto particularmente intrigante de la disolución del ego es la "luz mística", reportada con frecuencia en experiencias con DMT y otros psicodélicos potentes. En un estudio realizado en la Universidad Johns Hopkins, el 73% de los participantes que recibieron dosis elevadas de DMT describieron haber encontrado una luz inefable, con cualidades sentientes e incluso divinas. Desde la perspectiva junguiana, esta luz puede interpretarse como una manifestación directa del "Sí-mismo" (*Self*), el arquetipo central que representa la totalidad psíquica y el principio organizador de la psique. La luz mística, a menudo descrita como infinitamente amorosa, inteligente y más real que la realidad misma, suele actuar como un punto de inflexión en la experiencia, desencadenando transformaciones profundas en valores, creencias y relaciones personales.

Este fenómeno plantea preguntas fundamentales sobre la naturaleza de la conciencia y la realidad. Algunos investigadores sugieren que estas experiencias pueden ser vislumbres de dimensiones normalmente inaccesibles debido a los filtros perceptuales de la conciencia ordinaria. Otros postulan que podrían ser manifestaciones de estructuras arquetípicas profundas en la psique colectiva, activadas por los cambios neuroquímicos inducidos por los psicodélicos. Independientemente de su origen, estas vivencias suelen generar un impacto indeleble en quienes las atraviesan, transformando su comprensión del yo y del universo.

La integración de una experiencia de disolución del ego puede llevar semanas, meses o incluso años. Quienes la han atravesado suelen reportar una mayor apreciación por la interconexión de todas las formas de vida, una reducción del miedo a la muerte y una renovada sensación de propósito y significado. Sin embargo, el retorno a la cotidianidad puede ser complejo: algunos enfrentan dificultades para readaptarse a sus roles previos, mientras que otros experimentan conflictos con sistemas de creencias que ya no resuenan con su nueva percepción de la realidad. En estos casos, el acceso a redes de apoyo, psicoterapia especializada y prácticas contemplativas resulta esencial para procesar e integrar la experiencia de manera saludable.

Si bien la disolución del ego inducida por psicodélicos puede ser una vía hacia el crecimiento y la transformación, también conlleva riesgos que deben considerarse con seriedad. Individuos con predisposición a trastornos psiquiátricos pueden ser particularmente vulnerables a efectos adversos persistentes, incluyendo la exacerbación de condiciones preexistentes o la aparición de episodios psicóticos. Además, el contexto en el que ocurre la experiencia juega un papel fundamental en su desenlace: el entorno físico, la compañía y la preparación psicológica pueden ser factores determinantes en su integración. Un marco seguro, una intención clara y una estrategia de integración adecuada son elementos esenciales para minimizar riesgos y maximizar el potencial transformador de estas experiencias.

# Caso: Renacimiento Post-Divorcio

## Datos de la Paciente
- Sexo: Femenino
- Edad: 32 años
- Ocupación: Profesora universitaria
- Motivo de consulta: Crisis de identidad post-divorcio, depresión severa
- Sustancia: DMT (50mg fumada)
- Espacio: Sala de terapia especializada, luz tenue, aromaterapia
- Duración de la sesión: 4 horas (incluyendo preparación e integración)

## Fase de Preparación (45 minutos antes)

Terapeuta: "¿Cómo estás hoy?"

Paciente: (Nerviosa) "Honestamente, aterrada. Desde el divorcio, no sé quién soy. Es como si hubiera perdido mi brújula interna."

Terapeuta: "Es comprensible. ¿Qué esperas encontrar en esta experiencia?"

Paciente: "Necesito redescubrirme. Han pasado ocho meses desde que James se fue y sigo sintiéndome como un cascarón vacío."

Terapeuta: "Recuerda que el DMT es intenso pero breve. ¿Has practicado las técnicas de respiración?"

Paciente: "Sí, he estado practicando. Aunque no sé si estoy realmente preparada para... desaparecer."

## Fase de Inducción (0-5 Minutos Post-Administración)

[T+0:01]

Paciente: (Después de la primera inhalación) "Oh... oh Dios... todo está..."

Terapeuta: "Entrégate a la experiencia. Estoy aquí contigo."

[T+0:02]

Paciente: (Ojos muy abiertos) "¡Me estoy disolviendo! ¡Mi cuerpo... está... desapareciendo!"

## Fase De Disolución (5-15 Minutos)

[T+0:05]

Paciente: (Respiración agitada) "Todo... todo está vibrando... las paredes... mi cuerpo..."

Terapeuta: "Estás segura. Permite que la experiencia se desarrolle."

Paciente: (Agarrando el brazo del sillón) "¡No puedo sentir mis manos! Es como si... como si se estuvieran fundiendo con el sillón..."

Terapeuta: "Respira profundamente. ¿Qué más observas?"

[T+0:07]

Paciente: (Voz temblorosa) "Mi... mi rostro se está derritiendo... veo... veo mi reflejo en la pared pero... ¡se está fragmentando! Como un espejo roto..."

Terapeuta: "Sigue observando. ¿Qué ves en esos fragmentos?"

Paciente: "Veo... veo diferentes momentos... mi boda... ¡Dios, me veo tan joven! Tan... tan segura de que eso era todo lo que necesitaba ser..."

[T+0:09]

Paciente: (Lágrimas corriendo) "Y ahora... ahora veo el día que empaqué mis cosas... el día que dejé nuestra casa... pero es extraño..."

Terapeuta: "¿Qué es extraño?"

Paciente: "Es como si... como si estuviera viendo a una extraña. Una mujer interpretando el papel de 'esposa devastada'... (solloza) ¿Por qué estoy interpretando?"

[T+0:11]

Paciente: (Súbitamente agitada) "¡No! ¡No quiero ver esto! Hay... hay más fragmentos... me veo de niña... dibujando durante horas... me veo rechazando una beca de arte porque James dijo... porque él..."

Terapeuta: "Quédate con esa imagen. ¿Qué sientes al ver a esa joven artista?"

[T+0:13]

Paciente: (Grito ahogado) "¡Me estoy desvaneciendo! Es como si... como si cada fragmento se estuviera disolviendo... cada versión de mí... cada papel que he interpretado... se está... ¡se está deshaciendo!

## Fase De Emergencia (15-30 Minutos)

[T+0:15]

Paciente: (Respiración más calmada) "Es... extraño... ya no puedo encontrarme... pero no en el mal sentido..."

Terapeuta: "¿Puedes describir esa sensación?"

Paciente: (Pausa larga) "Es como... como cuando limpias una ventana muy sucia y de repente ves que hay todo un mundo afuera... pero yo... yo soy la ventana... y la suciedad... y también soy la que limpia..."

[T+0:18]

Terapeuta: "¿Y qué ves a través de esa ventana limpia?"

Paciente: (Susurrando) "Vacío... pero no un vacío aterrador... es como... ¿has estado alguna vez en un estudio de arte completamente vacío? ¿Con las paredes blancas y el olor a posibilidad?"

Terapeuta: "Continúa..."

[T+0:20]

Paciente: (Moviendo lentamente las manos) "Veo... veo manchas de color formándose en ese vacío... como... como cuando dejas caer gotas de acuarela en agua clara... Son... son versiones de mí que nunca... que nunca me permití considerar..."

Terapeuta: "¿Puedes describir alguna de esas versiones?"

[T+0:23]

Paciente: (Lágrimas silenciosas) "Veo una mujer con las manos manchadas de pintura... está sola, pero no está triste... está... está completa... (solloza) ¿Por qué dejé de pintar? ¿Por qué creí que necesitaba ser alguien más para ser válida?"

[T+0:25]

Paciente: "Hay más... hay una versión que viaja sola, que escribe, que... (risa nerviosa) que tiene el cabello de colores... Dios, James odiaba cualquier cosa 'poco profesional'..."

Terapeuta: "¿Cómo te sientes al ver estas posibilidades?"

[T+0:28]

Paciente: (Temblando ligeramente) "Asustada... emocionada... es como... es como estar al borde de un precipicio... pero no quiero retroceder... por primera vez en mi vida, no quiero retroceder..."

## Fase de Integración INICIAL (30-60 minutos)

[T+0:35]

Paciente: (Más calmada, sentándose) "Es como si hubiera estado viviendo en una caja que yo misma construí. Y el divorcio no fue el fin... fue una... una liberación."

Terapeuta: "¿Puedes decir más sobre esa liberación?"

Paciente: "Durante años, me definí a través de mi matrimonio. Incluso mi carrera la elegí porque era 'apropiada' para la esposa de un ejecutivo. Pero ahora... (ríe) ahora veo que esa nunca fui yo realmente."

[T+0:45]

Paciente: "¡Quiero pintar! ¿Sabes que solía pintar antes de conocer a James? Lo dejé porque él dijo que no era... 'práctico'."

## Fase de Profundización (60-120 minutos)

Terapeuta: "¿Qué más estás descubriendo sobre ti misma?"

Paciente: "Es como si hubiera múltiples semillas dentro de mí, esperando germinar. Veo una Sarah (nombre de la paciente) que viaja sola, una que enseña arte en vez de literatura, una que... (se emociona) una que finalmente se permite ser imperfecta."

Terapeuta: "¿Cómo se siente estar en contacto con todas esas posibilidades?"

Paciente: "Emocionante y aterrador a la vez. Es como... como estar en el borde de un acantilado, pero sabiendo que puedo volar."

## Fase de Integración FINAL (120-180 minutos)

[T+2:00]

Paciente: "¿Sabes qué es lo más extraordinario? Durante la disolución, cuando todo lo que creía ser se desvaneció... encontré algo más profundo. Algo que no depende de nadie más."

Terapeuta: "¿Puedes describir qué es ese 'algo'?"

Paciente: "Es... es como una chispa. Una esencia que es puramente yo, sin etiquetas, sin roles, sin expectativas. Y esa chispa... esa chispa no se rompió con mi matrimonio. de hecho, creo que ahora brilla más fuerte."

La paciente experimentó una profunda disolución egóica que facilitó una reestructuración significativa de su identidad. La experiencia con DMT pareció catalizar un proceso de individuación que ya se había iniciado con el trauma del divorcio, transformándolo de una crisis en una oportunidad de renacimiento psíquico.

## Seguimiento (2 semanas después)

La paciente reporta:

- Se ha inscrito en clases de pintura
- Ha comenzado a reorganizar su espacio vital, eliminando objetos asociados con su "antigua identidad"
- Experimenta momentos de ansiedad pero los maneja con las técnicas aprendidas
- Ha iniciado la exploración de cambios profesionales
- Muestra mayor asertividad en relaciones personales

La experiencia de disolución egóica parece haber actuado como un "reinicio" psicológico, permitiendo una reconstrucción más auténtica de la identidad. El proceso continúa desarrollándose de manera prometedora.

# 4. El Inconsciente Colectivo

La recurrencia de ciertas geometrías sagradas en experiencias psicodélicas - particularmente motivos como túneles, espirales y estructuras toroides - trasciende las barreras culturales y temporales, manifestándose tanto en los petroglifos neolíticos de Newgrange[7] (3200 a.C.) como en los complejos sistemas de túneles rituales preincaicos. Jung interpretó estas constantes geométricas como manifestaciones directas del inconsciente colectivo, expresiones de patrones arquetípicos fundamentales que estructuran la experiencia humana. Estas formas no son meras coincidencias visuales, sino representaciones de lo que Jung denominó 'imágenes primordiales' - estructuras psíquicas inherentes que emergen de manera consistente cuando la consciencia ordinaria se expande más allá de sus límites habituales. La universalidad de estos patrones sugiere que representan aspectos fundamentales de la organización de la psique humana, proporcionando un lenguaje simbólico común que trasciende las diferencias culturales e históricas.

---

[7] Newgrange es un monumento prehistórico en Irlanda, construido alrededor del 3200 a.C. Es conocido por su tumba de corredor y su alineación con el solsticio de invierno. Sus elaborados petroglifos y su sofisticada arquitectura lo convierten en un importante sitio arqueológico que ofrece información sobre las creencias y prácticas de las sociedades neolíticas.

Los arquetipos emergen en mitos, sueños y arte a través del tiempo y el espacio, revelando una gramática simbólica compartida por la humanidad. Las espirales, por ejemplo, han representado el ciclo de muerte y renacimiento tanto en la tradición celta como en la mesoamericana, mientras que los túneles evocan el descenso al inframundo, presente en relatos como el de Orfeo y Eurídice en la mitología griega, y en el chamanismo siberiano, donde el chamán viaja al submundo en busca de conocimiento y curación.

Más que simples metáforas, estas formas geométricas parecen estar inscritas en la estructura misma de la psique. Durante los estados psicodélicos, cuando el ego se disuelve y la conciencia se expande, estos patrones emergen de manera vívida y espontánea, como si fueran huellas de una sabiduría ancestral latente en el inconsciente colectivo.

Los mandalas, utilizados en el budismo tántrico y en diversas tradiciones espirituales, actúan como mapas de este territorio interno. En el contexto terapéutico psicodélico, se han convertido en herramientas de centramiento y estabilización, ayudando a quienes experimentan estados alterados de conciencia a integrar el material simbólico que emerge. Dibujar o colorear mandalas después de una sesión con psilocibina o LSD se ha demostrado eficaz en la reducción de ansiedad y en la integración de la experiencia en la narrativa personal, reflejando el proceso de individuación descrito por Jung: la unificación de los opuestos psíquicos en un todo armónico.

La geometría sagrada que aparece en estos estados sugiere una conexión entre los arquetipos y ciertas estructuras matemáticas fundamentales de la realidad. La teoría de la Reducción Objetiva Orquestada de Penrose y Hameroff[8], por ejemplo, plantea que las complejas geometrías observadas en las alucinaciones podrían reflejar patrones cuánticos en los microtúbulos neuronales, insinuando que la conciencia misma podría estar entrelazada con una estructura matemática profunda del universo.

En años recientes, el uso de mandalas digitales generativos ha despertado interés en el ámbito de la microdosificación psicodélica. Estos patrones, diseñados con algoritmos que replican fractales y ritmos neurológicos, se sincronizan con las ondas cerebrales, facilitando la integración de las experiencias visionarias y promoviendo estados de coherencia psicofisiológica.

# Ejercicio: Creación de mandalas post-viaje

Tras una experiencia psicodélica profunda, es común sentir que hemos entrado en contacto con algo que nos trasciende, una especie de sabiduría ancestral o matriz cósmica. Según

---

[8] La teoría de la Reducción Objetiva Orquestada (Orch OR) fue propuesta por el físico Roger Penrose y el anestesiólogo Stuart Hameroff. Sugiere que la conciencia surge de procesos cuánticos en los microtúbulos de las neuronas cerebrales. Aunque controvertida, esta teoría intenta explicar la conciencia desde una perspectiva que combina la física cuántica con la neurobiología.

Carl Jung, esto es el inconsciente colectivo, una capa profunda de la psique que alberga arquetipos y símbolos universales. Una forma poderosa de integrar y honrar este encuentro es a través de la creación de mandalas.

Los mandalas son representaciones simbólicas de la totalidad psíquica, imágenes circulares que reflejan nuestra conexión con el todo. Jung descubrió que dibujar mandalas espontáneamente le ayudaba a equilibrar su psique en momentos de turbulencia interior. Aplicar esta práctica después de un viaje psicodélico puede ser una forma hermosa de canalizar las energías arquetípicas que se han activado.

Para comenzar, consigue materiales de arte que te inspiren: pueden ser lápices de colores, pinturas, pasteles o incluso materiales naturales como pétalos y hojas. Crea un espacio sagrado para este proceso, quizás encendiendo una vela o colocando objetos significativos a tu alrededor.

Siéntate en quietud por unos momentos, recordando tu experiencia psicodélica. Trae a tu consciencia cualquier símbolo, patrón o imagen que haya destacado, sin apegarte demasiado a su significado literal. Siente cómo resuena en tu cuerpo y permite que evoque una sensación o un color.

Cuando estés listo, comienza a dibujar espontáneamente en el centro del papel, dejando que la forma emerja orgánicamente. No te preocupes por la precisión o la estética, simplemente permite que tu mano se mueva guiada por tu intuición. Puedes comenzar con un círculo o punto central y expandirte hacia afuera, o dejar que las formas surjan libremente.

A medida que dibujas, mantén una actitud de curiosidad y apertura. Observa qué colores te atraen, qué patrones se repiten, qué imágenes aparecen. Si surgen palabras o frases, puedes incorporarlas también. Permite que el mandala se despliegue como una expresión de tu psique en este momento, sin juzgar o interpretar demasiado.

Una vez que sientas que el mandala está completo, tómate un tiempo para contemplarlo. Observa cómo te hace sentir, qué partes atraen tu atención, qué sensaciones evoca en tu cuerpo. Puedes escribir estas impresiones alrededor del mandala o en tu diario.

Recuerda que el propósito no es crear una obra de arte perfecta, sino permitir que tu inconsciente se exprese. Cada mandala es un reflejo único de tu psique en un momento dado y una encarnación de las energías arquetípicas que se movieron en ti durante tu viaje.

Con la práctica, crear mandalas puede convertirse en una forma personal de meditación y autoconocimiento. Es una manera de honrar la sabiduría de tu inconsciente y fortalecer tu conexión con esa red invisible que nos une a todos. Cada vez que mires tu mandala, recuerda que eres parte de algo mucho más vasto y profundo, y que esa totalidad también reside dentro de ti.

# Caso: Reconexión con el Inconsciente Colectivo

## Datos del Paciente

- Sexo: Masculino
- Edad: 28 años
- Origen: Peruano, viviendo en Estados Unidos desde los 12 años
- Ocupación: Ingeniero de software
- Motivo de consulta: Desconexión cultural, crisis de identidad, depresión
- Sustancia: Ayahuasca (60ml, preparación tradicional)
- Espacio: Maloca ceremonial, facilitadores tradicionales presentes
- Duración: 8 horas

## Fase de Preparación (60 minutos antes)

Terapeuta: "¿Cómo te sientes hoy, Miguel?"

Paciente: (Inquieto) "Nervioso. Es extraño... crecí escuchando a mi abuela hablar de plantas maestras, pero siempre lo consideré... superstición."

Terapeuta: "¿Qué te trae aquí ahora?"

Paciente: (Pausa larga) "Sueños. Llevo meses soñando con serpientes, con montañas que nunca he visto. Me siento... llamado. Como si hubiera olvidado algo importante."

Terapeuta: "¿Qué esperas encontrar?"

Paciente: "No lo sé... tal vez una parte de mí que dejé atrás cuando nos mudamos. A veces ni siquiera recuerdo cómo sonaba mi idioma materno en mi cabeza."

## Fase Inicial (0-60 minutos)

[T+0:20]

Paciente: (Después de beber) "El sabor... (hace mueca) es como si la tierra misma estuviera hablando..."

[T+0:35]

Paciente: (Respiración acelerada) "Las sombras... se están moviendo. Y hay un sonido... como un zumbido lejano..."

Terapeuta: "¿Puedes describir ese sonido?"

Paciente: "Es como... como cuando mi abuela cantaba mientras tejía... pero no son palabras, es más como... (se detiene) ¡Espera! ¡Están apareciendo patrones en las paredes!"

[T+0:45]

Paciente: (Agitado) "Son... son diseños geométricos... como los que veía en los textiles de mi abuela, pero... ¡se están moviendo! Se entrelazan como... como serpientes de luz..."

## Fase de Profundización (60-120 minutos)

[T+1:05]

Paciente: (Temblando) "Hay una serpiente... enorme... brillante... Me está mirando y... ¡está hecha de los mismos patrones que los textiles! Pero... pero yo nunca estudié estos diseños... ¿cómo puedo verlos tan claramente?"

Terapeuta: "Permite que la visión se desarrolle. ¿Qué sientes al ver la serpiente?"

Paciente: (Voz quebrada) "Debería estar asustado, pero... me resulta familiar. Como si la conociera... como si ella me conociera..."

[T+1:20]

Paciente: (Llorando) "Está... está hablando... no con palabras, sino con imágenes... Me muestra... ¡me muestra Cusco! Pero no el Cusco de ahora... es... es antiguo..."

[T+1:35]

Paciente: (Sobrecogido) "Veo ceremonias... rituales... ¡están usando los mismos patrones que veo! Y... y puedo entender su significado... cada línea, cada forma... es un lenguaje..."

## Fase De Encuentro (120-180 Minutos)

[T+2:00]

Paciente: (Susurrando en quechua, luego en español) "Hay... hay ancianos... están en círculo. Me miran como si... como si me hubieran estado esperando."

Terapeuta: "¿Puedes describir qué sientes en su presencia?"

Paciente: (Llorando intensamente) "Vergüenza... tanta vergüenza... Rechacé todo esto... me burlé de las historias de mi abuela... quise ser tan... tan moderno..."

[T+2:15]

Paciente: "Uno de los ancianos se acerca... tiene un rostro tan sabio... Me está mostrando un tejido, pero no es un tejido normal... ¡es el tejido del universo! Cada hilo es una vida, una historia... y puedo ver mi hilo, veo dónde se rompió..."

[T+2:30]

Paciente: (Temblando) "Está... está tejiendo mi hilo de nuevo en el patrón... pero duele... duele recordar... todas las veces que fingí no entender cuando mi abuela hablaba en quechua... todas las veces que me avergoncé de nuestras tradiciones..."

## Fase de Transmisión (180-240 Minutos)

[T+3:00]

Paciente: "Los patrones... se están volviendo más claros... Es como si siempre hubieran estado en mi mente, dormidos... Veo la chakana, el puente sagrado... pero no como un símbolo en un libro, sino como una realidad viva..."

Terapeuta: "¿Qué te muestra ese puente?"

Paciente: (Maravillado) "Muestra... muestra cómo todo está conectado... El cóndor en el mundo de arriba, el puma en este mundo, la serpiente en el inframundo... ¡Es exactamente como decía mi abuela! Pero ahora lo veo, lo entiendo con cada célula de mi cuerpo..."

[T+3:20]

Paciente: "Las montañas... los Apus... están cantando... Es el mismo zumbido que escuché al principio, pero ahora puedo entenderlo... Es un conocimiento tan antiguo... está en mi sangre, en mis huesos..."

## Fase de Integración INICIAL (240-300 minutos)

[T+4:00]

Paciente: (Más tranquilo) "Es... es abrumador. Como si hubiera vivido toda mi vida con solo la mitad de mí mismo, y ahora... ahora la otra mitad está despertando."

Terapeuta: "¿Cómo te sientes con ese despertar?"

Paciente: "Asustado. Emocionado. No sé cómo... cómo integrar esto con mi vida en San Francisco. Soy ingeniero, trabajo con computadoras... pero ahora sé que hay otros tipos de tecnología, otros tipos de conocimiento..."

[T+4:30]

Paciente: "Los patrones... siguen aquí. Pero ya no son solo visuales. Es como si pudiera sentirlos en mi cuerpo... Como si mi ADN estuviera recordando algo que siempre supo..."

## Cierre (300-360 minutos)

[T+5:00]

Paciente: (Reflexivo) "Mi abuela... ella lo sabía. Sabía que algún día necesitaría regresar a este conocimiento. Por eso nunca dejó de contarme las historias, incluso cuando yo fingía no escuchar..."

Terapeuta: "¿Qué sientes que necesitas hacer con este conocimiento?"

Paciente: "Necesito... necesito aprender. Reaprender todo lo que rechacé. El quechua, los rituales, el significado de los tejidos... Pero no solo como folclore o antropología... sino como algo vivo, algo que está en mí."

[T+5:30]

Paciente: "Y necesito hablar con mi abuela... Mientras veía los patrones, podía escuchar su voz... todas las enseñanzas que me dio y que no quise escuchar... Están ahí, esperando..."

## Observaciones sobre símbolos emergentes:

- Predominancia de la serpiente como símbolo de sabiduría ancestral
- Patrones geométricos coincidentes con iconografía tradicional andina
- Manifestación de la chakana como estructura organizadora
- Presencia de los tres mundos de la cosmovisión andina

# 5. Encuentros Simbólicos en el Viaje

Durante los estados alterados inducidos por sustancias psicodélicas, los arquetipos junguianos emergen no como conceptos abstractos sino como presencias vívidas y dinámicas que interactúan directamente con la consciencia del individuo. Estas manifestaciones arquetípicas no son proyecciones arbitrarias sino expresiones autónomas de la psique objetiva - lo que Jung denominó 'complexos autónomos' del inconsciente colectivo. Las figuras arquetípicas que aparecen se adaptan al contexto personal del individuo mientras mantienen sus características universales esenciales, creando un puente entre la experiencia individual y los patrones universales de la psique. Esta interacción directa con los arquetipos constituye uno de los aspectos más significativos del viaje psicodélico, proporcionando una oportunidad única para dialogar conscientemente con las fuerzas fundamentales que moldean nuestra experiencia psíquica.

El arquetipo del Héroe es una de las manifestaciones más frecuentes en estas experiencias. Aparece como una presencia imponente, irradiando fuerza y determinación, impulsando al viajero a confrontar sus miedos más profundos y a superar pruebas que parecían inalcanzables. Su aparición puede adoptar la forma de una figura mitológica, un líder espiritual, un personaje literario o incluso alguien significativo en la vida del sujeto, reflejando el impulso universal hacia la transformación y el crecimiento. Enfrentarse al Héroe no es solo un encuentro con la valentía, sino también con la responsabilidad de trascender las limitaciones autoimpuestas.

Por otro lado, la Gran Madre emerge como una presencia envolvente y sanadora, ofreciendo un refugio seguro en momentos de vulnerabilidad emocional. Puede adoptar la forma de una diosa de la fertilidad, una anciana sabia o la propia madre del viajero. Su esencia radica en la aceptación incondicional y en la capacidad de nutrir, invitando a reconciliarse con el niño interior herido. Su aparición suele estar acompañada de una sensación de ternura y comprensión profunda, recordando que la compasión hacia uno mismo es un paso crucial en cualquier proceso de transformación.

En el otro extremo del espectro, la Sombra irrumpe en la experiencia psicodélica como una presencia inquietante y desafiante. Representa todos aquellos aspectos reprimidos o negados de la personalidad, proyectados en figuras temibles o perturbadoras. Puede manifestarse como monstruos, demonios o figuras amenazantes que parecen acechar desde la periferia de la visión. Sin embargo, lejos de ser enemigos externos, estos seres son fragmentos ocultos del propio ser, portadores de un mensaje crucial para la individuación. Quienes logran sostener la mirada ante la Sombra descubren que detrás de su apariencia aterradora se esconden dones y potenciales no reconocidos, esperando ser integrados en la psique consciente.

El Ánima y el Animus se presentan en los estados psicodélicos con una carga simbólica particular. En los hombres, el Ánima suele manifestarse como una musa inspiradora, una guía etérea o una figura femenina que despierta sensibilidad e intuición. En las mujeres, el Animus aparece como una presencia masculina que impulsa hacia la racionalidad, la afirmación de la propia voluntad y la independencia. Sin embargo, estas distinciones no son fijas ni universales. En personas con identidades de género fluidas, estos arquetipos pueden fusionarse, intercambiarse o manifestarse como figuras andróginas, reflejando la disolución de las fronteras entre lo masculino y lo femenino. La experiencia psicodélica tiene el poder de deshacer no solo la separación entre consciente e inconsciente, sino también los condicionamientos culturales sobre la identidad y el género.

Otro arquetipo que se manifiesta con frecuencia es el Trickster o Embaucador, un agente de caos y disrupción creativa. Puede aparecer como una serpiente que se transforma en un puente arcoíris, un payaso cósmico que ridiculiza las pretensiones del ego, o una figura burlona que juega con la realidad del viajero. Su función es subvertir estructuras mentales rígidas, desmantelar certezas y abrir espacio para nuevas formas de pensamiento. A través del humor y la paradoja, el Trickster nos recuerda que la realidad es mucho más flexible de lo que creemos y que el conocimiento profundo a menudo se esconde en lo absurdo y lo inesperado.

Una técnica poderosa para trabajar con estos arquetipos durante los estados psicodélicos es el juego de roles terapéutico. Identificar una figura recurrente y entablar un diálogo con ella permite una exploración más profunda de su significado. El viajero puede alternar entre su propia identidad y la del arquetipo, adoptando su voz y perspectiva para acceder a capas de conocimiento ocultas. Este proceso, además de enriquecer la experiencia, facilita la integración posterior, permitiendo que el contenido emergido se transforme en comprensión aplicable a la vida cotidiana. Es esencial, sin embargo, mantener una distancia reflexiva, evitando una fusión total con el arquetipo. La clave es reconocerlo, dialogar con él e incorporar su mensaje sin perder la estabilidad psíquica.

Más allá de las manifestaciones visuales, los arquetipos pueden revelarse a través de otras modalidades sensoriales. En las ceremonias de ayahuasca, por ejemplo, no es raro que los participantes describan experiencias sinestésicas en las que los arquetipos se manifiestan como texturas, aromas o sabores. El Héroe puede sentirse como el aroma metálico del hierro forjado, evocando su fortaleza y temple, mientras que la Sombra puede adoptar la viscosidad de un líquido denso y oscuro, simbolizando su naturaleza reprimida. Estas asociaciones multisensoriales amplían la percepción simbólica y permiten una conexión más profunda con el material emergente.

Los estudios sobre la correspondencia entre arquetipos y experiencias sensoriales sugieren patrones recurrentes en diversas culturas. El Amante, por ejemplo, suele vincularse con sabores dulces y envolventes, mientras que el Guerrero se asocia con lo amargo y lo picante, reflejando la intensidad de la batalla interna. Estas conexiones sugieren la existencia de un lenguaje sensorial arquetípico, una especie de gramática universal del inconsciente que se activa durante los estados de conciencia ampliada.

Un recurso valioso para exploradores psiconáuticos e investigadores sería la creación de un "diccionario multisensorial de arquetipos". Este compendio recogería las asociaciones más comunes entre arquetipos y experiencias sensoriales, proporcionando una herramienta para la interpretación de los estados visionarios. Así, la Gran Madre podría experimentarse como un calor envolvente y reconfortante, mientras que el Huérfano podría sentirse como un frío punzante y solitario. En el reino del gusto, el Sabio podría manifestarse como un sabor herbal amargo que evoca profundidad y contemplación, mientras que el Inocente evocaría la dulzura de la leche materna.

Es importante señalar que estas asociaciones no son fijas ni absolutas. Cada viajero desarrolla su propio vocabulario simbólico a partir de sus experiencias personales y de su bagaje cultural. Sin embargo, reconocer patrones recurrentes puede ser útil para estructurar e integrar los contenidos emergentes. Llevar un diario detallado de los viajes psicodélicos, registrando no solo imágenes y narrativas, sino también texturas, aromas y sensaciones corporales, puede enriquecer significativamente la comprensión del lenguaje del inconsciente. Con el tiempo, este proceso permite descifrar el propio código simbólico interno y acceder a un conocimiento más profundo de uno mismo.

El trabajo con los arquetipos en estados psicodélicos no es un mero ejercicio intelectual, sino un proceso de autodescubrimiento y transformación. Al prestar atención a estas figuras simbólicas y su modo de manifestarse, se abre una puerta hacia una comprensión más amplia de la psique. La exploración de estos reinos internos es un viaje que, lejos de ser caótico o aleatorio, sigue patrones universales profundamente enraizados en la naturaleza humana. Al descifrar su significado, el viajero puede integrar la experiencia y aplicarla en su vida cotidiana, convirtiendo las visiones en herramientas de crecimiento y evolución personal.

# Ejercicio: Diálogo con los arquetipos del viaje

Las experiencias psicodélicas a menudo están pobladas de figuras arquetípicas, personajes que parecen encarnar energías universales. Carl Jung propuso que estos arquetipos son patrones instintivos arraigados en el inconsciente colectivo, moldeando nuestra forma de percibir y relacionarnos con el mundo. Dialogar activamente con estas figuras después de un viaje puede ser una forma poderosa de integrar sus lecciones.

Para comenzar, tómate un tiempo para recordar tu experiencia psicodélica más reciente. Trae a tu memoria las figuras clave que surgieron, ya sea en forma de visiones, sensaciones o presencias intuitivas. Puede ser útil escribir una breve descripción de cada una, anotando sus características distintivas y la energía que emanaban.

A continuación, te presento una lista de algunos de los arquetipos principales que Jung identificó. Lee atentamente la descripción de cada uno y considera si alguno de ellos resuena con las figuras de tu viaje:

- El Héroe: Representa el coraje, la determinación y el afán de superación. Encarna nuestro impulso de enfrentar desafíos y superar nuestras limitaciones.

- El Sabio: Simboliza la búsqueda de la verdad, el conocimiento y la comprensión profunda. Puede aparecer como un guía interno o un mentor espiritual.

- El Inocente: Encarna la pureza, la confianza y la apertura a la experiencia. Nos conecta con nuestra esencia de niño inocente y nuestra capacidad de asombro.

- El Explorador: Representa nuestra sed de aventura, descubrimiento y nuevos horizontes. Nos impulsa a ir más allá de nuestra zona de confort.

- El Rebelde: Encarna la libertad, la no conformidad y la ruptura con las normas establecidas. Desafía el statu quo y nos ánima a ser fieles a nosotros mismos.

- El Amante: Simboliza la pasión, la sensualidad y la apreciación de la belleza. Nos conecta con nuestra capacidad de amar y ser amados.

- El Creador: Representa nuestra necesidad de expresarnos, de dar forma a algo nuevo y significativo. Nos impulsa a manifestar nuestra visión única.

- El Gobernante: Encarna el liderazgo, la responsabilidad y el dominio de nuestra vida. Nos ayuda a tomar las riendas de nuestro destino.

- El Mago: Simboliza la transformación, la curación y el poder de la intención. Nos recuerda nuestro potencial para crear cambios profundos.

- El Bufón (Trickster): Encarna la picardía, la irreverencia y la ruptura de las expectativas. Nos libera de tomarnos demasiado en serio y nos invita a abrazar lo inesperado.

Tómate un tiempo para reflexionar sobre cada arquetipo y cómo puede relacionarse con tu experiencia. ¿Quién o qué encarnó la energía del Héroe en tu viaje? ¿Hubo algún momento en que el Sabio se hizo presente? ¿Te visitó el Trickster para sacudir tus suposiciones?

A medida que identifiques estas correspondencias, permite que se desarrolle un diálogo interno con cada arquetipo. Puedes escribir este diálogo, hablarlo en voz alta o simplemente imaginarlo. Pregúntale a cada figura qué regalo o lección tiene para ofrecerte. ¿Qué parte de ti está pidiendo ser reconocida o fortalecida en esta etapa de tu vida?

Cierra este ejercicio con una reflexión sobre cómo puedes honrar e integrar las energías arquetípicas en tu vida diaria. Quizás el Héroe te está llamando a enfrentar un miedo, o el Creador te está urgiendo a iniciar ese proyecto que has estado posponiendo.

# Caso: Pareja con Infertilidad

## Datos de los Pacientes

- Pareja heterosexual casada
- María: 33 años, profesora de arte
- David: 35 años, ingeniero civil
- Motivo de consulta: Procesamiento del duelo por infertilidad después de 5 años de intentos y 3 pérdidas
- Sustancia: LSD (200µg cada uno)
- Espacio: Espacio terapéutico amplio con dos áreas de descanso separadas, música ambiental suave
- Duración: 8 horas

## Fase de Preparación (45 minutos antes)

Terapeuta 1: "¿Cómo se sienten hoy?"

María: "Nerviosa, pero lista. David y yo hemos estado meditando juntos como sugeriste."

David: "Ansioso... pero también esperanzado. Ha sido un camino largo."

Terapeuta 2: "¿Han definido sus intenciones individuales y como pareja?"

María: "Quiero encontrar paz con mi cuerpo... entender por qué no puedo mantener un embarazo."

David: "Necesito procesar la culpa... ese sentimiento de que le estoy fallando a María, a mi familia."

## Fase Inicial (0-60 minutos post-ingesta)

[T+0:15]

María: (Inquieta) "La temperatura está cambiando... ¿alguien más lo siente?"

David: "Mis manos están... diferentes. Como hormigueo."

Terapeuta 1: "Es normal. ¿Pueden describir qué más sienten en el cuerpo?"

María: "Mi respiración es más profunda. Y hay... como un zumbido suave."

[T+0:30]

María: (Recostada, ojos cerrados) "Las luces detrás de mis párpados... son como ondas. Como agua fluyendo. Me recuerda al ultrasonido..."

(Su voz se quiebra ligeramente)

Terapeuta 1: "Estás en un espacio seguro, María. Permite que las sensaciones fluyan."

David: (Tenso) "Siento una presión en el pecho... justo aquí. Como cuando recibimos la última noticia en el hospital."

Terapeuta 2: "¿Puedes quedarte con esa sensación, David? ¿Qué más notas?"

David: "Es... pesado. Como si hubiera estado conteniendo algo por mucho tiempo."

[T+0:45]

María: "El patrón de luz está cambiando... veo un jardín ahora. Es extraño, es como el que mi madre solía tener, pero..."

(Lágrimas silenciosas comenzando a caer)

Terapeuta 1: "¿Qué ves en ese jardín?"

María: "Las flores... están marchitas. No importa cuánto intento acercarme para cuidarlas, siguen muriendo. Como todo lo que intento nutrir..."

David: (Extendiendo su mano hacia María) "Amor, yo..."

(Se detiene, su atención captada por algo)

Terapeuta 2: "¿Qué sucede, David?"

David: "Hay una figura apareciendo... como una sombra al principio. Se parece a mi padre cuando venía a mi habitación después de un mal día en el trabajo. Pero hay algo diferente... es como si fuera más antiguo, más profundo que él."

[T+0:55]

María: "El jardín se está expandiendo... hay más flores marchitas. Tantas... (sollozando suavemente) Es como ver todos nuestros intentos, uno tras otro..."

David: "Quiero consolarla, pero esta figura... es como si me mantuviera en mi lugar. Como si necesitara ver algo primero."

Terapeuta 1: "Permitan que sus experiencias se desarrollen independientemente. Están seguros aquí, y pueden explorar lo que necesiten."

## Fase de Manifestación Arquetípica (60-180 Minutos)

[T+1:00]

María: "El jardín... está cambiando. Las flores marchitas están formando un patrón. Como... como un círculo."

Terapeuta 1: "¿Puedes describir más ese círculo?"

María: "Es como un mandala... pero se mueve. En el centro hay... hay una forma emergiendo."

[T+1:10]

David: "La sombra se está aclarando... puedo ver su rostro ahora. Se parece a mi padre, pero también a mi abuelo... y hay más rostros."

Terapeuta 2: "¿Cómo te hace sentir ver esos rostros?"

David: (Voz temblorosa) "Vulnerable. Como cuando era niño y no podía cumplir sus expectativas."

[T+1:15]

María: (Su respiración se acelera) "La forma en el centro... está tomando figura. Es... es una mujer. Pero no es una mujer normal..."

Terapeuta 1: "Toma tu tiempo. ¿Qué notas sobre ella?"

María: "Es enorme... antigua. Como tallada en piedra pero viva. Y sus brazos... (pausa) tiene muchos brazos, como esas diosas hindúes que vimos en el templo antes de nuestra última inseminación..."

[T+1:20]

David: "Los rostros están hablando... todos a la vez. Es confuso."

Terapeuta 2: "¿Puedes distinguir qué dicen?"

David: "Son como... ecos. 'El hijo llevará el nombre.' 'La sangre debe continuar.' 'No puedes fallar en esto.'"

[T+1:25]

María: (Agitada) "Cada brazo... cada brazo sostiene un bebé. Son tantos... (su voz se quiebra) Y ella no me mira. Todos esos bebés, toda esa fertilidad, y ella me da la espalda."

Terapeuta 1: "Mantente con esa imagen. ¿Qué sientes en tu cuerpo mientras la observas?"

María: "Mi vientre... duele. Como durante las pérdidas. Y hay algo más... algo subiendo por mi pecho..."

[T+1:30]

María: (Sollozando) "¡Rabia! Siento tanta rabia. ¿Por qué a todas menos a mí? ¿Por qué me rechaza? ¿Qué hice mal?"

David: (Respondiendo a los sollozos de María) "Quiero ir con ella..."

Terapeuta 2: "Los rostros, David, ¿qué hacen cuando escuchas a María?"

David: "Se están... transformando. Es como ver toda mi línea familiar. Generaciones de hombres... todos mirándome con... ¿decepción? No... es algo más..."

Terapeuta 2: "¿Puedes explorar qué es ese 'algo más'?"

David: (Lágrimas comenzando) "Es su propio dolor. Cada uno de ellos... cargando algún tipo de fracaso. No solo conmigo... viene de mucho antes."

[T+2:00]

María: "La diosa... está cambiando. Ya no es distante. Está... está llorando conmigo. Me muestra su propio dolor... la pérdida de sus hijos en antiguos mitos."

David: "Los hombres de mi visión... están formando un círculo. En el centro hay un árbol muerto... pero veo brotes nuevos surgiendo de las raíces."

## Fase de Interacción (180-300 Minutos)

[T+3:30]

María: (Mirando a David) "Puedo verte... pero no solo a ti. Veo a todos los padres que nunca fueron, todos los sueños interrumpidos..."

David: (Respondiendo la mirada) "Y yo veo en ti a todas las madres... no solo la pérdida, sino la fuerza. Es... abrumador."

Terapeuta 1: "Permitan que estas percepciones fluyan entre ustedes."

[T+4:00]

María: "La diosa... se está transformando de nuevo. Ahora me muestra otras formas de crear vida. No solo a través del vientre..."

David: "El círculo de hombres... están mostrándome que la paternidad es más que sangre. Es... es presencia, es cuidado."

## Fase de Integración CONJUNTA (300-420 minutos)

[T+5:30]

María: "Estoy viendo nuestro dolor diferente ahora. No es solo nuestro... es parte de algo más grande."

David: "Como si fuéramos parte de un patrón más amplio... de pérdida y renovación."

Terapeuta 2: "¿Qué sienten el uno hacia el otro en este momento?"

María: "Compasión. Profunda compasión. Veo su dolor tan claramente ahora..."

David: "Conexión. Como si realmente pudiéramos compartir esto por primera vez."

[T+6:30]

María: "La diosa... ahora nos muestra un camino diferente. No es el que esperábamos, pero..."

David: "Es nuestro camino. Único. Como el brote nuevo del árbol viejo."

## Cierre (últimos 60 minutos)

Terapeuta 1: "¿Qué se llevan de esta experiencia compartida?"

María: "Una sensación de... propósito. Incluso en la pérdida hay significado."

David: "Paz. Y una nueva forma de ver nuestra situación... menos como una falla y más como una transformación."

Terapeuta 2: "¿Cómo ven su camino juntos hacia adelante?"

María: "Más claro. El arquetipo de la madre... no tiene que manifestarse de la manera que pensábamos."

David: "Siento que podemos crear vida de otras formas. Nuestra conexión... es un tipo diferente de fertilidad."

La sesión facilitó una profunda manifestación y trabajo con los arquetipos parentales, permitiendo a la pareja reconectarse con aspectos universales de su experiencia personal. La presencia del arquetipo de la Gran Madre y el Padre Divino emergió de manera poderosa, facilitando una recontextualización de su experiencia de infertilidad.

## Observaciones clave:

1. Transformación significativa en la percepción de sus roles parentales potenciales
2. Emergencia de patrones transgeneracionales en ambos participantes
3. Reconexión profunda como pareja a través del dolor compartido
4. Apertura hacia nuevas formas de entender la creatividad y la nutrición

# 6. El Camino del Héroe

El viaje psicodélico es una odisea de transformación que refleja la búsqueda ancestral de trascendencia de la psique humana. Joseph Campbell[9] identificó en los mitos universales un patrón recurrente: la partida del mundo conocido, la inmersión en lo desconocido y el regreso con una nueva comprensión. Este esquema resuena con la estructura de una experiencia psicodélica profunda.

Todo comienza con la separación. La ingesta de la sustancia marca un umbral irreversible. A medida que los efectos se intensifican, la identidad habitual se disuelve, y el viajero se enfrenta a un vacío aterrador o liberador. La Red Neuronal por Defecto, ese circuito que mantiene cohesionado el sentido del yo, se silencia momentáneamente, permitiendo el acceso a estados de conciencia insospechados. Es el descenso al inframundo junguiano, donde las referencias ordinarias se desmoronan y lo reprimido irrumpe con fuerza.

La iniciación es el núcleo de la experiencia. En este punto, el viajero se sumerge en un torrente de visiones y emociones que desbordan cualquier marco racional. El orden habitual colapsa, y en su lugar emergen patrones arquetípicos que parecen guiar la travesía. La mente se convierte en un teatro de figuras simbólicas que exponen los miedos más

---

[9] Joseph Campbell (1904-1987) fue un mitólogo estadounidense conocido por su trabajo sobre mitología comparada y religión. Su concepto del "monomito" o "viaje del héroe" ha influido significativamente en la narrativa moderna y la psicología.

profundos y las posibilidades latentes. Sin embargo, la verdadera prueba no está en lo que se experimenta, sino en cómo se navega ese caos. Aquí, la valentía no radica en el control, sino en la entrega consciente a lo que la experiencia revela.

El retorno es la fase más desafiante. No basta con vivir la epifanía; es necesario integrarla. de regreso al mundo ordinario, el viajero transformado debe encontrar formas de traducir lo vivido en algo significativo y aplicable. Sin esta integración, la experiencia corre el riesgo de convertirse en un mero recuerdo difuso o en una fantasía desconectada de la realidad. El héroe psicodélico vuelve con un tesoro: una nueva perspectiva sobre sí mismo y sobre la existencia. Jung describió este proceso como individuación: la integración de los fragmentos de la psique en una totalidad coherente.

Esta estructura no es exclusiva de las experiencias modernas. Los Misterios de Eleusis[10], en la Grecia antigua, y los rituales chamánicos de diversas culturas han seguido esta misma dinámica de muerte y renacimiento simbólico. En esos contextos, las sustancias visionarias eran herramientas de transformación profunda, utilizadas con intención y preparación. de manera similar, en la actualidad,

---

[10] Los Misterios de Eleusis eran rituales de iniciación secretos del culto a Deméter y Perséfone en la antigua Grecia. Se cree que incluían el uso de sustancias psicoactivas para inducir experiencias místicas en los participantes.

quien se adentra en un viaje psicodélico con una disposición adecuada puede participar de esta tradición de descubrimiento.

Cada viaje es único, pero todos comparten una verdad esencial: el desafío de enfrentar lo desconocido dentro de uno mismo. Para facilitar la integración, un ejercicio valioso es escribir el propio "mito psicodélico personal", trazando la historia de la experiencia en términos de un relato de iniciación. Este proceso permite dar sentido a lo vivido y asimilarlo en la identidad cotidiana.

No toda experiencia psicodélica es heroica, pero el camino del héroe ofrece un mapa para quienes buscan comprender sus visiones desde una perspectiva más amplia. Nos recuerda que los momentos de crisis en un viaje no son obstáculos, sino oportunidades para la transformación. En última instancia, cada viajero es el protagonista de su propia historia, enfrentando los enigmas de la mente y del cosmos. Más allá del vértigo y la incertidumbre, en el núcleo de la experiencia, se encuentra la revelación de lo que significa estar vivo.

# Ejercicio: Escritura del mito personal psicodélico

En un sentido, todos somos héroes en el viaje de nuestra propia vida. Al enmarcar tu experiencia psicodélica a través de la lente del monomito, puedes ganar una nueva apreciación por la naturaleza heroica de tu propia búsqueda de significado y transformación.

Las experiencias psicodélicas a menudo siguen un arco que se asemeja notablemente al viaje del héroe, un patrón narrativo que el mitólogo Joseph Campbell identificó en mitos y leyendas de todo el mundo. Campbell propuso que este viaje representa un proceso de transformación psicológica profunda, una llamada a aventurarnos en lo desconocido para renacer con una nueva comprensión. Escribir tu experiencia psicodélica como un mito personal puede ser una forma poderosa de honrar tu proceso y extraer sabiduría de él.

Para comenzar, tómate un tiempo para reflexionar sobre una experiencia psicodélica significativa que hayas tenido. Trae a tu mente los eventos clave, las emociones intensas, los desafíos y los triunfos. Mientras lo haces, considera cómo tu viaje se alinea con las 12 etapas del monomito de Campbell:

1. El mundo ordinario: Tu vida antes de la llamada a la aventura.

2. La llamada a la aventura: El impulso o la invitación a embarcarte en el viaje psicodélico.

3. Reticencia del héroe: Tus dudas o resistencias iniciales.

4. Encuentro con el mentor: Cualquier guía, persona o recurso que te haya dado la sabiduría o el coraje para seguir adelante.

5. Cruce del primer umbral: El momento de ingerir la sustancia y sumergirse en el viaje.

6. Pruebas, aliados y enemigos: Los desafíos, revelaciones y confrontaciones que encontraste en el mundo psicodélico.

7. Acercamiento a la caverna más profunda: El punto de mayor dificultad o temor, a menudo marcado por la disolución del ego.

8. La odisea (el calvario): La muerte simbólica y el renacimiento, el punto de catarsis y transformación.

9. Recompensa: Los regalos, comprensiones o poderes obtenidos de la experiencia.

10. El camino de regreso: El proceso de volver a la conciencia ordinaria.

11. Resurrección del héroe: La integración de las lecciones aprendidas y la renovada sensación de propósito.

12. Regreso con el elixir: Cómo compartes tu sabiduría ganada con el mundo.

Con este esquema en mente, comienza a escribir tu mito, dando a cada etapa tu propio giro único. No te preocupes por una cronología exacta; los mitos a menudo tienen una cualidad atemporal. En su lugar, concéntrate en capturar la esencia emocional y simbólica de cada fase.

Al escribir, siéntete libre de ser tan creativo como desees. Puedes escribir en primera o tercera persona, dar a tus desafíos la forma de monstruos míticos, o personificar tus visiones como figuras sabias. Lo importante es que el mito refleje tu verdad interior y te ayude a dar sentido a tu viaje.

A medida que tejas tu narrativa, presta atención a los temas e hilos recurrentes. ¿Hay algún símbolo o lección que sigue apareciendo? ¿Cómo se conecta esta aventura con los temas más amplios de tu vida? Considera tu mito como una historia sagrada que revela una verdad profunda sobre quién eres y por lo que has pasado.

Una vez que hayas completado tu mito, tómate un tiempo para leerlo en voz alta, quizás a un amigo de confianza o en un círculo de integración. Escuchar tu historia contada puede ser una forma poderosa de honrar tu viaje y cimentar sus lecciones.

# 7. Sueños y Visiones

Los sueños y las experiencias psicodélicas tienen una cualidad fronteriza: ambos desdibujan la línea entre la realidad y lo que yace en el inconsciente. Durante siglos, distintas tradiciones han considerado los sueños como mensajes divinos o revelaciones del alma, mientras que las sustancias visionarias han sido utilizadas como herramientas de acceso a dimensiones ocultas de la psique. Desde la perspectiva psicológica, Jung sostenía que los sueños eran un lenguaje simbólico del inconsciente, una manifestación de fuerzas arquetípicas que moldean la experiencia humana. Hoy, la investigación neurocientífica comienza a trazar paralelismos entre la fase REM del sueño y los estados inducidos por psicodélicos, sugiriendo que ambos estados podrían estar impulsados por mecanismos similares de desregulación de la conciencia.

El cerebro, cuando sueña, entra en un estado peculiar: la corteza prefrontal, responsable de la identidad y el pensamiento racional, reduce su actividad, mientras que el sistema límbico, ligado a las emociones, se activa intensamente. Algo similar ocurre bajo el efecto de la psilocibina, donde la Red Neuronal por Defecto (DMN) – responsable de la sensación de un "yo" estable– disminuye su actividad, permitiendo una comunicación más libre entre distintas regiones del cerebro. Esto explicaría por qué tanto en los sueños como en los viajes psicodélicos emergen imágenes vívidas, emociones intensas y narrativas que desafían la lógica ordinaria.

A diferencia de los sueños convencionales, donde la experiencia se olvida fácilmente, los estados psicodélicos tienen una cualidad de permanencia: sus efectos pueden generar revelaciones y conocimientos que resuenan durante años. Investigaciones[11] han encontrado que la psilocibina facilita la flexibilidad cognitiva y la reestructuración de patrones mentales rígidos, permitiendo nuevas asociaciones y resignificaciones. Esto sugiere que, mientras el sueño REM ayuda a consolidar memorias, los psicodélicos podrían facilitar la "reprogramación" de creencias y estructuras psicológicas obsoletas.

Para Jung, el trabajo con los sueños era fundamental en el proceso de individuación. Su método de amplificación, que consiste en expandir el significado de los símbolos oníricos mediante asociaciones culturales y mitológicas, es igualmente aplicable a las visiones psicodélicas. Al preguntar "¿qué mensaje tiene este símbolo para mí?", el viajero puede descubrir conexiones profundas entre su inconsciente personal y las estructuras arquetípicas universales. Un estudio reciente en la Universidad de Zurich[12] sugiere que los individuos que emplean este método durante experiencias psicodélicas tienden a obtener

---

[11] Un estudio de 2018 dirigido por Carhart-Harris et al. en la revista Scientific Reports demostró que la psilocibina aumenta la conectividad funcional cerebral y la flexibilidad cognitiva, facilitando la reestructuración de patrones de pensamiento.
[12] El estudio de 2021 liderado por Franz X. Vollenweider en la Universidad de Zurich, publicado en Frontiers in Psychiatry, exploró la relación entre la amplificación simbólica y la integración de experiencias psicodélicas.

interpretaciones más coherentes y significativas de sus visiones, facilitando su integración en la vida cotidiana.

Los símbolos recurrentes en las visiones psicodélicas tienen un carácter universal, trascendiendo el trasfondo cultural del individuo. Elementos como el agua, el fuego o las serpientes emergen con frecuencia y evocan significados profundos. El agua, asociada por Jung al inconsciente colectivo, suele aparecer en forma de océanos, ríos o inundaciones, reflejando procesos de transformación y renovación. El fuego, vinculado a la destrucción y la purificación, evoca experiencias de muerte y renacimiento. Las serpientes, que se manifiestan en una abrumadora mayoría de relatos psicodélicos, encarnan la sabiduría primitiva, el despertar de la energía vital o la confrontación con el miedo. Quienes experimentan estos símbolos en estados alterados suelen reportar una sensación de trascendencia y contacto con una realidad más allá de la conciencia ordinaria.

El vínculo entre los sueños lúcidos y las experiencias psicodélicas ha sido motivo de creciente interés. En ambos estados, la sensación de control sobre la experiencia varía: algunos sujetos pueden influir en sus visiones, mientras que otros sienten que son arrastrados por narrativas que no pueden modificar. Un estudio longitudinal en la Universidad de Stanford[13] reveló que los estados

---

[13] La investigación de 2020 dirigida por David Nutt en la Universidad de Stanford, publicada en Neuropsychopharmacology, comparó la actividad cerebral durante estados psicodélicos y sueños lúcidos, revelando similitudes en las ondas gamma.

psicodélicos y los sueños lúcidos comparten una activación intensificada de las ondas gamma, asociadas con la metacognición y la conciencia expandida. En un caso particular, una mujer que tomaba psilocibina reportó ver un bosque en llamas, una escena idéntica a un sueño recurrente de su infancia, lo que sugiere que ambos estados permiten el acceso a contenidos inconscientes latentes.

Las visiones psicodélicas operan en múltiples niveles de significado. A nivel personal, pueden reflejar traumas o conflictos internos, como una cueva oscura que remite a experiencias de soledad o abandono. En el nivel arquetípico, esa misma cueva puede representar el descenso al inframundo, un motivo recurrente en mitologías de todo el mundo. En el nivel transpersonal, emergen patrones geométricos y estructuras fractales que algunos investigadores consideran manifestaciones del "inconsciente objetivo", una red simbólica compartida por toda la humanidad. Un estudio del Imperial College London demostró que la aparición de estas geometrías en estados psicodélicos está correlacionada con una extrema sincronización entre los hemisferios cerebrales, lo que sugiere un acceso a estados de conciencia no duales.

En el ámbito terapéutico, la capacidad de trabajar con visiones simbólicas abre nuevas posibilidades para la sanación emocional. La técnica de "cirugía simbólica" permite transformar imágenes traumáticas en representaciones más benignas, facilitando la integración de experiencias dolorosas. Si un individuo enfrenta una visión aterradora, como figuras amenazantes o escenas de violencia, el terapeuta puede guiarlo para transformar estos elementos en símbolos de poder o resiliencia. Estudios en la Universidad Johns Hopkins han demostrado que esta técnica es particularmente efectiva en el tratamiento del estrés postraumático, ayudando a los pacientes a resignificar recuerdos difíciles en un marco más integrador.

A medida que avanzamos en la exploración de la relación entre sueños y estados psicodélicos, queda claro que ambos comparten una función esencial: revelarnos aspectos ocultos de nuestra psique. Tanto el soñador como el viajero psicodélico son invitados a descifrar el mensaje que emerge de la oscuridad de su inconsciente. Ya sea a través del análisis simbólico, la imaginación activa o la resignificación terapéutica, estos estados ofrecen una oportunidad única de autoconocimiento y transformación. Si bien la ciencia aún no ha descifrado por completo los mecanismos detrás de estas experiencias, la evidencia sugiere que podrían ser claves en la comprensión de la mente humana y su capacidad de regeneración psicológica.

# Caso: Transmutación de Pesadillas Post-Traumáticas

## Datos del Paciente
- Sexo: Femenino
- Edad: 41 años
- Ocupación: Arquitecta

- Motivo de consulta: Pesadillas recurrentes y TEPT tras accidente automovilístico donde falleció su mejor amiga
- Sustancia: Psilocibina (4g hongos secos)
- Espacio: Sala de terapia privada, iluminación tenue, música ambiental específica para trabajo con trauma
- Duración de la sesión: 6 horas

# Fase de Preparación (30 minutos antes de la ingesta)

Terapeuta: "¿Cómo te encuentras hoy, María?"

Paciente: (Temblando visiblemente) "Aterrada. Anoche la pesadilla fue peor que nunca. Esta vez pude oler la sangre... el olor a gasolina... Laura gritando mi nombre..." (Comienza a llorar)

Terapeuta: "Estás a salvo aquí. ¿Puedes decirme qué es lo que más te asusta de entrar en esta experiencia?"

Paciente: "Tengo miedo de no poder salir. En las pesadillas, estoy atrapada en ese momento una y otra vez... viendo a Laura morir, incapaz de hacer nada." (Se abraza a sí misma) "A veces despierto gritando, y mi hija tiene que venir a calmarme. Una madre no debería hacer pasar a su hija por esto."

Terapeuta: "Has traído el cristal que mencionamos..."

Paciente: (Sosteniendo un pequeño cristal de cuarzo) "Sí. Amanda me lo dio el día que salí del hospital. Dijo que era para que la luz siempre me encontrara en la oscuridad." (Pausa, más lágrimas) "Mi hija de doce años no debería tener que ser tan fuerte."

## Fase Inicial (0-45 minutos post-ingesta)

[T+0:15]

Paciente: (Respiración agitada) "Las sombras... se están moviendo como esa noche. Las luces de los coches... están dejando rastros en el aire."

Terapeuta: "Mantente presente. ¿Puedes sentir el cristal?"

Paciente: (Aferrándose al cristal) "Está frío... como los dedos de Laura cuando intenté tomarle el pulso..." (Comienza a hiperventilar)

Terapeuta: "Respira conmigo. Estás aquí, en 2025. No allí."

[T+0:30]

Paciente: (Gritando repentinamente) "¡CUIDADO! ¡LAURA, CUIDADO!" (Se encoge en posición fetal) "Los frenos... puedo oír los frenos... el chirrido del metal... ¡Dios mío, está pasando otra vez!"

## Fase de Inmersión (45-120 minutos)

[T+1:00]

Paciente: (Llorando incontrolablemente) "Estoy atrapada... el cinturón no se abre... Laura está sangrando tanto... ¡ALGUIEN AYÚDENOS!" (Intenta levantarse del sofá)

Terapeuta: (Suavemente sosteniendo su mano) "Estás segura. Recuerda que puedes observar desde fuera. ¿Puedes intentar flotar sobre la escena?"

Paciente: (Entre sollozos) "No puedo... no puedo dejarla sola... está pidiendo ayuda..." (de repente se queda inmóvil) "Espera... puedo... puedo verlo todo desde arriba. El otro coche... el conductor... ¡está mirando su teléfono! ¡El maldito teléfono!" (Grita con rabia) "¡DOS SEGUNDOS! ¡DOS SEGUNDOS EN SU ESTÚPIDO TELÉFONO Y DESTRUYÓ NUESTRAS VIDAS!"

[T+1:30]

Paciente: (Su voz cambia, se vuelve más pequeña) "El tiempo... se está ralentizando. Los cristales... flotan como diamantes en el aire. Hay... hay tanta belleza en la destrucción... ¿cómo puede ser esto hermoso?" (Solloza) "Laura sonríe... está sonriendo mientras los cristales vuelan. ¿Por qué está sonriendo?"

## Fase de Crisis (120-180 minutos)

[T+2:00]

Paciente: (Gritando y convulsionando) "¡NO! ¡NO! ¡La sangre está en todas partes! ¡En mis manos! ¡No puedo limpiármela!" (Frota sus manos frenéticamente)

Terapeuta: "María, toca el cristal. Siente su solidez."

Paciente: (Temblando violentamente) "El cristal... está... está pulsando. Como el último latido de Laura... Oh Dios, la sentí morir... Sentí cuando su corazón..." (Vomita repentinamente)

[T+2:30]

Paciente: (Después de limpiarse, su voz es un susurro aterrado) "Hay algo en la oscuridad... algo observando... ¿Laura? ¿Eres tú?" (Grita repentinamente) "¡NO! ¡NO TE ACERQUES! ¡NO QUIERO VER TU ROSTRO!"

## Fase de Transformación (180-240 minutos)

[T+3:00]

Paciente: (Con voz temblorosa) "La figura... se está transformando. Es... es mi abuela Carmen. Está... está recogiendo los cristales ensangrentados... está... ¿tejiendo con ellos?"

Terapeuta: "¿Qué está tejiendo tu abuela?"

Paciente: (Sollozando suavemente) "Un manto de luz... está tejiendo memorias... puedo ver a Laura y a mí de niñas...

jugando... riendo... Abuela siempre decía que el dolor era solo amor transformándose."

[T+3:30]

Paciente: (Con asombro y dolor mezclados) "Los cristales... se están convirtiendo en mariposas... mariposas hechas de luz y sangre. Laura amaba las mariposas... decía que eran esperanza con alas." (Llora) "La última vez que la vi con vida, estábamos planeando su boda... ahora sus sueños son mariposas de luz..."

## Fase de Reescritura (240-300 minutos)

[T+4:00]

Paciente: (Más calmada, pero con intensidad) "Estoy volviendo al coche... pero esta vez es diferente. Las mariposas... están formando un escudo de luz alrededor nuestro."

Terapeuta: "¿Puedes hablar con Laura ahora?"

Paciente: (Llorando, pero con propósito) "Laura... lo siento tanto... lo siento tanto por sobrevivir... por no poder salvarte..." (Pausa larga) "Espera... ella está hablando..."

Terapeuta: "¿Qué te dice?"

Paciente: (Con voz entrecortada) "Dice que... que ella eligió irse... que su tiempo estaba completo... Me está pidiendo que deje de cargar con una culpa que no es mía..." (Solloza profundamente) "Dice que mi hija me necesita aquí... que ella está bien... que los cristales rotos eran en realidad alas desplegándose..."

## Fase de Integración (300-360 minutos)

[T+5:00]

Paciente: (Exhausta pero más serena) "Todo este tiempo... las pesadillas no eran un castigo... eran un portal. Laura no estaba atrapada en el accidente... yo la tenía atrapada allí con mi culpa."

Terapeuta: "¿Qué sientes que necesitas hacer ahora?"

Paciente: (Tocando el cristal) "Necesito dejarla volar... dejar que las mariposas se lleven la sangre y el dolor... Necesito volver a ser madre, no solo una sobreviviente..."

[T+5:30]

Paciente: (Llorando suavemente) "El cristal que me dio Amanda... ahora entiendo. No era solo para encontrar luz en la oscuridad... era para recordarme que la luz puede atravesar las grietas sin romperlas más..."

## Cierre

Terapeuta: "Has atravesado una profunda transformación hoy. ¿Cómo te sientes mientras volvemos?"

Paciente: (Exhausta, ojos hinchados de llorar) "Como si hubiera dado a luz y asistido a un funeral al mismo tiempo... Destrozada pero... renaciendo. Por primera vez desde el accidente, siento que Laura está en paz... y que quizás yo también pueda estarlo."

La sesión reveló un profundo trauma no procesado relacionado no solo con el accidente sino con la culpa del sobreviviente. La emergencia de símbolos transformativos (cristales → mariposas) sugiere un proceso arquetípico de muerte y renacimiento.

## Seguimiento (1 semana después)

La paciente reporta una disminución significativa en la intensidad de las pesadillas. Cuando aparecen, puede reconocer elementos simbólicos y trabajar con ellos. Ha comenzado a tejer con su hija como práctica de vinculación y sanación intergeneracional. Reporta momentos de profunda tristeza pero sin la carga de culpa anterior.

Considera realizar una ceremonia de despedida para Laura, incorporando elementos simbólicos de la sesión (mariposas, cristales, tejidos). Su hija ha notado el cambio, comentando que "por fin ha vuelto a reír como antes".

# 8. Dualidad: Luz y Sombra en la Psique

La psique humana es un escenario de contrastes: claridad y oscuridad, razón e instinto, creación y destrucción. Carl Jung sostenía que la mente se estructura en un equilibrio dinámico entre fuerzas aparentemente opuestas, y que la integración de estas polaridades es el núcleo del proceso de individuación. No se trata de elegir entre luz u oscuridad, sino de comprender que ambas forman parte de la totalidad del ser. Ignorar o reprimir cualquiera de estos aspectos conduce a un desequilibrio[14], haciendo que lo no reconocido en uno mismo se proyecte en el mundo exterior, generando conflicto y fragmentación interna.

Las experiencias psicodélicas intensifican esta dinámica de manera radical. Bajo el efecto de sustancias como la psilocibina o el LSD, los filtros habituales de la mente consciente se debilitan, permitiendo la emergencia de elementos reprimidos de la psique. Esta irrupción puede manifestarse como visiones de una belleza indescriptible o como encuentros con lo aterrador y lo desconocido. La sensación de estar atrapado entre lo sublime y lo perturbador refleja, en su esencia más pura, la paradoja de

---

[14] Este concepto se basa en la teoría de la sombra de Jung, desarrollada en su obra "Aion: Researches into the Phenomenology of the Self" (1951), donde explora cómo los aspectos reprimidos de la personalidad se proyectan externamente.

la existencia: la lucha entre orden y caos, lo conocido y lo inexplorado.

Este fenómeno se relaciona con el principio junguiano de enantiodromía[15], que describe cómo una energía psíquica que se mantiene en un extremo con el tiempo genera inevitablemente su contrario. Durante una experiencia psicodélica, esto puede presentarse como una oscilación entre estados de éxtasis y angustia, entre una profunda sensación de conexión y un vértigo existencial. Este ir y venir no es un defecto del proceso, sino una invitación a aceptar la paradoja fundamental de la psique. En lugar de resistirse a la dualidad, el viajero psicodélico puede aprender a moverse dentro de ella con curiosidad y apertura.

Para facilitar esta integración, una práctica útil es la creación de un mapa de polaridades personales . Este ejercicio consiste en identificar cualidades opuestas dentro de uno mismo –como la necesidad de control frente a la entrega, la valentía frente al miedo, o la independencia frente a la vulnerabilidad– y reflexionar sobre cómo se han manifestado en la vida personal. Al visualizar estas tensiones como complementarias en lugar de contradictorias, es posible encontrar un punto de equilibrio

---

[15] Jung introdujo el concepto de enantiodromía en su obra "Tipos psicológicos" (1921), basándose en la filosofía de Heráclito. Describe la tendencia de cualquier polaridad extrema a transformarse eventualmente en su opuesto.

en la psique y transformar la lucha interna en un diálogo enriquecedor.

Las experiencias sinestésicas, que ocurren con frecuencia en estados psicodélicos[16], ofrecen otro indicio de cómo la mente tiende a fusionar opuestos. Algunas personas reportan "ver" la música, "saborear" los colores o "sentir" la textura de las palabras. Desde una perspectiva junguiana, esta disolución de fronteras perceptuales refleja un lenguaje arquetípico más profundo, donde los sentidos y las emociones se entrelazan en un significado compartido. La sinestesia [17]puede ser una manifestación tangible de la interconexión subyacente entre todas las cosas, una muestra de que los límites rígidos que impone la mente ordinaria son, en realidad, fluidos y maleables.

Uno de los símbolos que más a menudo aparece en estados de conciencia alterados es el Yin-Yang, el emblema oriental de la unidad en la dualidad. Su forma fluida y cíclica sugiere que la luz y la sombra no son opuestos irreconciliables, sino elementos que se generan mutuamente. En las visiones psicodélicas, este principio se expresa a menudo en formas dinámicas: espirales, fractales o patrones geométricos que contienen dentro de sí la interacción de fuerzas

---

[16] La sinestesia en estados psicodélicos fue estudiada por Torsten Passie et al. en su artículo "The Pharmacology of Lysergic Acid Diethylamide: A Review" (2008), donde se analiza la fusión de percepciones sensoriales bajo la influencia de LSD.

[17] La sinestesia es un fenómeno neurológico en el que la estimulación de un sentido provoca experiencias en otro sentido. Por ejemplo, "ver" sonidos o "saborear" colores. Es más común durante estados alterados de conciencia, incluyendo experiencias psicodélicas.

complementarias. Estos símbolos no son meras alucinaciones, sino representaciones vivas de un principio profundo de la realidad.

Aceptar la dualidad no significa resignarse a un destino caótico, sino aprender a navegarlo con conciencia. Una integración saludable implica reconocer que la ira puede ser una expresión legítima de la psique tanto como la compasión, que el dolor puede ser una vía hacia la transformación y que la sombra tiene tanto poder creador como la luz. Las experiencias psicodélicas ofrecen una oportunidad inigualable para vivir este equilibrio de manera directa, permitiendo que la psique se reorganice de manera más armónica y completa.

El reto no es eliminar la sombra, sino comprender su mensaje. Aquellos que buscan únicamente la luz en sus viajes psicodélicos pueden encontrar que su propia oscuridad se vuelve más intensa y aterradora cuando intentan evitarla. Pero quienes se permiten enfrentarla descubren que dentro de ella yace también la semilla del crecimiento. En última instancia, la dualidad en la psique no es una trampa ni un castigo, sino la danza esencial de la existencia: la invitación perpetua a expandir nuestra conciencia más allá de los límites de lo conocido.

# Caso: La Dualidad del Éxito y el Abandono Familiar

## Datos del Paciente

- Sexo: Masculino
- Edad: 39 años
- Ocupación: Director de Marketing Internacional
- Motivo de consulta: Depresión, culpa, conflictos familiares
- Sustancia: LSD (150µg)
- Espacio: Sala terapéutica privada con luz natural, música ambiental
- Duración: 8 horas

## Fase de Preparación (Pre-ingesta)

Terapeuta: "¿Cómo te sientes hoy?"

Paciente: (Ajustándose nerviosamente la corbata) "Como si estuviera por entrar a una reunión importante. No puedo evitar pensar en la presentación que tengo la próxima semana."

Terapeuta: "¿Incluso aquí sigues pensando en el trabajo?"

Paciente: (Ríe nerviosamente) "Supongo que ese es parte del problema, ¿no? Mi esposa dice que incluso cuando estoy físicamente presente, mi mente está en la oficina."

Terapeuta: "¿Qué te gustaría explorar hoy?"

Paciente: "Necesito entender por qué no puedo... (se quiebra su voz) por qué no puedo estar realmente presente para mi familia. Mi hijo me dijo ayer que ya no intenta contarme cosas porque nunca lo escucho realmente."

## Fase Inicial (0-60 minutos)

[T+0:20]

Paciente: (Inquieto) "La luz... está cambiando. Las sombras en la pared parecen formar figuras."

Terapeuta: "¿Qué tipo de figuras ves?"

Paciente: "Parecen... personas en una sala de juntas. (Pausa) Ahora veo a mi familia cenando... pero hay un asiento vacío."

[T+0:45]

Paciente: (Agitándose) "Mi teléfono... necesito revisar mi teléfono."

Terapeuta: "Tu teléfono está guardado, como acordamos. ¿Qué hay detrás de esa necesidad de revisarlo?"

Paciente: (Ansioso) "¿Y si hay una emergencia? ¿Y si me necesitan en la oficina?"

Terapeuta: "¿Y si tu familia te necesita aquí y ahora?"

# Fase de Confrontación (60-180 minutos)

[T+1:15]

Paciente: (Llorando repentinamente) "Estoy viendo dos versiones de mí mismo simultáneamente. En una soy el ejecutivo perfecto, todos me admiran, estoy cerrando el trato del año... En la otra, estoy sentado solo en una casa vacía, rodeado de trofeos y reconocimientos, pero no hay nadie para compartirlos."

Terapeuta: "Quédate con esas dos imágenes. ¿Qué sientes al verlas?"

Paciente: "Orgullo y vergüenza. Tanto orgullo y tanta vergüenza al mismo tiempo... es insoportable."

[T+1:45]

Paciente: (Agitado) "¡Oh Dios! Estoy en la fiesta de cumpleaños de Tomás... pero no soy yo, estoy viendo a través de sus ojos. Está soplando las velas, todos cantan, pero no deja de mirar hacia la puerta... me está esperando. Prometí que llegaría a tiempo."

Terapeuta: "¿Llegaste?"

Paciente: (Sollozando intensamente) "No... no llegué. Hubo una reunión de último minuto. Le envié un mensaje a Paula diciendo que lo sentía... siempre estoy diciendo que lo siento."

[T+2:15]

Paciente: (Gritando repentinamente) "¡BASTA! ¡No puedo seguir viendo esto!"

Terapeuta: "¿Qué estás viendo que es tan difícil?"

Paciente: "Mi padre... estoy viendo a mi padre. Está sentado en su oficina, igual que yo. Siempre decía que todo lo hacía por nosotros, que trabajaba tanto por nosotros... (riendo amargamente) Me convertí exactamente en él."

## Fase de Profundización (180-300 minutos)

[T+3:30]

Paciente: "Las imágenes se están superponiendo ahora. Veo mi oficina, pero las paredes están hechas de momentos perdidos. Cada premio, cada ascenso... está construido sobre una obra de teatro escolar a la que no fui, un partido de fútbol que me perdí, una noche que Paula se durmió llorando."

Terapeuta: "¿Qué te dice eso?"

Paciente: "Que he estado construyendo mi éxito sobre los cimientos de mi fracaso como padre y esposo. (Pausa larga) La ironía es que siempre me digo que lo hago por ellos."

[T+4:00]

Paciente: (Con voz temblorosa) "Hay un niño aquí ahora... soy yo. Está sentado en las escaleras de casa, vestido para un partido de béisbol. Espera y espera... pero papá nunca llega."

Terapeuta: "¿Qué necesita ese niño?"

Paciente: "Necesita que su padre le diga que él es más importante que cualquier reunión. Que es más valioso que cualquier ascenso." (Comienza a llorar intensamente) "Y ahora estoy haciendo lo mismo con Tomás... estoy haciendo que mi hijo sienta exactamente lo mismo que yo sentí."

[T+4:30]

Paciente: (Repentinamente alertado) "Paula está aquí... no físicamente, pero la veo. Está más joven, es el día de nuestra boda. Me está mirando con tanto amor, tanta esperanza... ¿qué pasó con esa mirada?"

Terapeuta: "¿Cuándo fue la última vez que viste esa mirada?"

Paciente: (Devastado) "No lo recuerdo... Dios, realmente no lo recuerdo. ¿Cuándo dejé de buscarla? ¿Cuándo comencé a mirar más mi teléfono que sus ojos?"

## Fase de Transformación (300-420 minutos)

[T+5:15]

Paciente: "Algo está cambiando... las dos versiones de mí mismo que vi antes están dialogando."

Terapeuta: "¿Qué se dicen?"

Paciente: "El ejecutivo exitoso está defendiéndose, diciendo que todo lo hace por la familia, que necesitan seguridad, un buen futuro... Pero el otro yo le está mostrando algo... son proyecciones, como películas de dos futuros posibles."

[T+5:45]

Paciente: (Con claridad repentina) "En una, Tomás está dando un discurso en su graduación. Habla de su padre, un hombre exitoso que le enseñó la importancia del trabajo duro... pero hay vacío en sus palabras, no hay conexión real. En la otra... (solloza) en la otra estamos pescando juntos, riendo, compartiendo historias. No tenemos tanto dinero, pero hay amor, hay presencia."

Terapeuta: "¿Qué sientes al ver estos dos futuros?"

Paciente: "Que he estado persiguiendo la sombra del éxito, confundiendo los medios con el fin. Quería darles una buena vida, pero en el proceso, les he estado quitando la vida misma, los momentos, la conexión..."

## Fase de Integración (420-480 minutos)

[T+7:00]

Paciente: (Más sereno) "Es como si pudiera ver todo el patrón ahora. No tiene que ser un 'todo o nada'. No necesito abandonar mi carrera, pero necesito establecer límites reales."

Terapeuta: "¿Qué tipo de límites?"

Paciente: "Horarios sagrados para la familia. Nada de teléfono durante la cena. Los fines de semana son para Tomás y Paula. Y cuando estoy con ellos, necesito estar realmente presente."

[T+7:30]

Paciente: "¿Sabes qué es lo más doloroso? Que en el fondo, no era solo por ellos. Era por mí. Por mi ego, por mi necesidad de validación, por mi miedo a no ser suficiente..."

Terapeuta: "Ese reconocimiento es muy valioso. ¿Qué quieres hacer con él?"

Paciente: "Necesito redefinir qué significa el éxito para mí. No puedo seguir midiendo mi valor por mi título o mi salario. Necesito... necesito ser el padre que yo necesité."

## Cierre

Terapeuta: "Has hecho un trabajo muy profundo hoy. ¿Cómo te sientes mientras vamos terminando?"

Paciente: (Exhausto pero claro) "Como si hubiera despertado de un largo trance. Duele... duele muchísimo ver todo el daño que he causado. Pero también siento... esperanza. Todavía puedo cambiar esto. Tomás solo tiene 10 años, aún hay tiempo."

Terapeuta: "¿Cuál será tu primer paso?"

Paciente: "Voy a llegar temprano a casa hoy. Voy a abrazar a mi hijo. Voy a mirar a Paula a los ojos. Y voy a escuchar... realmente escuchar."

La sesión reveló un profundo conflicto interno entre el éxito profesional y la conexión familiar, enraizado en patrones transgeneracionales de ausencia paterna. El paciente mostró una capacidad significativa para confrontar su dualidad y reconocer los costos emocionales de sus elecciones.

La juventud de su hijo proporciona una ventana de oportunidad significativa para la reparación y el reestablecimiento de vínculos.

# 9. Descenso a lo Desconocido

Adentrarse en el inframundo psíquico es un descenso a las profundidades del inconsciente, un territorio donde residen memorias reprimidas, arquetipos oscuros y patrones emocionales aún no integrados. Carl Jung describió este espacio interior como un campo de fuerzas psíquicas que, aunque pueden resultar desestabilizadoras, contienen el germen de una transformación radical. Lo que a primera vista parece un reino de caos y sombras es, en realidad, un terreno fértil para la reintegración de la psique.

En los estados expandidos de conciencia inducidos por sustancias psicodélicas, este descenso se experimenta como un tránsito por paisajes mentales laberínticos, imágenes caóticas y emociones avasalladoras. Durante estos estados, la percepción del yo se diluye y el dominio habitual del ego se desvanece, lo que puede generar tanto miedo como revelación. Estudios recientes en neurociencia han identificado una correlación entre esta disolución del ego y la reducción de actividad en la Red Neuronal por Defecto (DMN), una red cerebral involucrada en la auto-referencialidad y la identidad. La suspensión temporal de su actividad permite una reconfiguración profunda de la autopercepción y la forma en que se procesan las experiencias emocionales.

Sin embargo, este viaje no es solo un desafío, sino una oportunidad para reintegrar aspectos fragmentados de la psique. Los miedos ancestrales y los traumas reprimidos que emergen en estos estados no deben ser suprimidos, sino enfrentados con una actitud de apertura y aceptación. En lugar de huir del contenido que se presenta, el trabajo interno requiere acoger conscientemente lo que emerge, reconociendo que cada visión, cada sensación, cada imagen simbólica tiene un mensaje que espera ser comprendido.

Cuando la experiencia se torna caótica, ciertos métodos pueden servir de anclaje. La repetición de mantras es una de estas herramientas, ya que no solo estabiliza la mente, sino que también activa el nervio vago, regulando el sistema nervioso parasimpático y reduciendo la ansiedad fisiológica. de manera similar, la respiración consciente actúa como un puente entre la disociación y la presencia encarnada, permitiendo que el viajero mantenga cierto grado de autoobservación sin ser arrastrado por la intensidad emocional. El objetivo de estas técnicas no es disminuir la experiencia, sino permitir que el viajero la observe con una mínima separación, evitando la identificación total con los contenidos del inconsciente. Esta capacidad de presencia ecuánime es un principio fundamental en las psicoterapias basadas en mindfulness, donde se busca habitar la experiencia sin ser consumido por ella.

El motivo del descenso a los infiernos aparece en numerosas mitologías y refleja los patrones universales del proceso psicodélico. Relatos como el viaje de Inanna al inframundo, donde debe atravesar siete puertas y despojarse de sus atributos antes de ser confrontada con la muerte simbólica, o la travesía de Orfeo al Hades, revelan la estructura arquetípica de la disolución del ego y la confrontación con la sombra. En estos mitos, el despojo y el encuentro con fuerzas primordiales no son un castigo, sino un requisito para acceder a una forma de sabiduría más profunda.

En las experiencias psicodélicas, este proceso puede manifestarse como una pérdida momentánea de la identidad personal, un desvanecimiento de las estructuras rígidas del yo y el enfrentamiento con aspectos reprimidos de la psique. Figuras demoníacas, sensaciones de muerte inminente o visiones de aniquilación suelen ser expresiones simbólicas de un proceso de muerte y renacimiento psíquico. Comprender este patrón mitológico permite al viajero situar su experiencia dentro de un marco de transformación, en lugar de verla como un mero episodio aterrador.

No obstante, es crucial diferenciar entre una experiencia catártica y una que puede resultar demasiado abrumadora para ser integrada. Algunas señales de alarma incluyen pensamientos acelerados e incontrolables, una desconexión prolongada del entorno inmediato o la reactivación de recuerdos traumáticos sin la capacidad de procesarlos. Para mitigar estos riesgos, los protocolos actuales de terapia asistida con psicodélicos enfatizan la importancia de un "contenedor terapéutico", es decir, un entorno seguro que brinde estructura y apoyo. Factores clave incluyen la presencia de facilitadores experimentados, un espacio físicamente adecuado y el uso de indicaciones verbales que ayuden a mantener la conexión con el momento presente.

Uno de los fenómenos más intrigantes en estados psicodélicos profundos es la experiencia del Void o vacío absoluto. Aunque puede parecer una ausencia total de contenido, paradójicamente, quienes han atravesado este estado lo describen como una plenitud inefable, un contacto con algo más allá de cualquier identidad o forma. A nivel neurológico, la experiencia del Void parece estar correlacionada con la desactivación completa de la Red Neuronal por Defecto, lo que implica una disolución temporal de la dualidad entre sujeto y objeto. Desde la perspectiva junguiana, este estado podría interpretarse como un encuentro con el Self, el arquetipo central de la totalidad psíquica. Para Jung, el Self es un misterio último de la psique, una esencia que trasciende cualquier imagen o representación.

Una herramienta que ha demostrado utilidad en la navegación de estos estados es el uso de sonidos binaurales, un tipo de estimulación auditiva basada en la diferencia de frecuencia entre los oídos. Esta diferencia genera un tercer tono que sincroniza las ondas cerebrales, especialmente en las frecuencias theta y gamma, facilitando una mayor coherencia mental. Estudios en psicoterapia asistida con ketamina y psilocibina[18] han demostrado que estos sonidos pueden ayudar a estructurar la experiencia sin imponer narrativas artificiales. de manera similar, la música ritual utilizada en ceremonias chamánicas con ayahuasca o en

---

[18] Investigaciones como las de Kaelen et al. (2018) en Imperial College London han explorado el impacto de la música en terapias con psicodélicos, demostrando su papel en la modulación de la experiencia subjetiva y los resultados terapéuticos.

sesiones modernas de psicoterapia psicodélica actúa como una especie de mapa sonoro, guiando la experiencia sin restringirla.

Desde los ícaros de los chamanes amazónicos[19] hasta composiciones diseñadas digitalmente para estados alterados, la música permite al viajero atravesar los distintos paisajes internos con una sensación de dirección y contención. En este sentido, la música no solo acompaña, sino que participa activamente en la construcción de la experiencia.

El viaje al inframundo psíquico es un rito de paso que ha acompañado a la humanidad desde tiempos inmemoriales. Ya sea en la mitología, la psicoterapia o los estados inducidos por psicodélicos, el descenso a las profundidades del inconsciente sigue una estructura universal: despojo, confrontación y renacimiento. Comprender este proceso desde una perspectiva simbólica y neurocientífica permite abordar estas experiencias con mayor claridad y preparación. En última instancia, lo que yace en las sombras no es solo lo reprimido, sino también el potencial para una reconciliación más profunda con uno mismo. Aquellos que regresan del inframundo, ya sea en la Odisea de Homero o en un viaje psicodélico contemporáneo, traen consigo no solo cicatrices, sino también sabiduría.

---

[19] Los ícaros son cantos sagrados utilizados en ceremonias de ayahuasca. Bustos (2008) describe cómo estos cantos guían la experiencia, influyendo en las visiones y estados emocionales de los participantes.

# Caso: Procesamiento de Trauma Complejo

## Datos de la Paciente
- Sexo: Femenino
- Edad: 29 años
- Ocupación: Artista visual
- Motivo de consulta: Ansiedad severa, flashbacks, dificultad para mantener relaciones íntimas
- Sustancia: MDMA (125mg) + Psilocibina (3g hongos secos)
- Espacio: Sala de terapia especializada, iluminación tenue, música ambiental cuidadosamente seleccionada
- Duración: 8 horas
- Terapeutas: Dos (principal y asistente)

## Fase de Preparación (Pre-ingesta)

Terapeuta Principal: "¿Cómo te sientes hoy, Elena?"

Elena: (Jugando nerviosamente con su bufanda) "Asustada. Muy asustada. Pero siento que necesito hacer esto."

Terapeuta Asistente: "Recuerda que no estás sola. Estamos aquí contigo."

Elena: "Los últimos días he tenido más pesadillas... ¿es normal?"

Terapeuta Principal: "Es común que el material psíquico empiece a emerger incluso antes de la sesión. ¿Quieres compartir algo sobre las pesadillas?"

Elena: "Solo fragmentos... puertas cerrándose... oscuridad... pero esta vez no me desperté gritando."

## Fase Inicial (0-60 minutos)

[T+0:20]

Elena: (Después de tomar el MDMA) "Mi corazón late muy rápido... pero no es como mis ataques de pánico. Es diferente."

Terapeuta Principal: "¿Puedes describir la diferencia?"

Elena: "Es como... anticipación. No terror. Las paredes parecen más suaves."

[T+0:45]

Elena: (Después de tomar la psilocibina) "El tapete... tiene patrones que se mueven. Son como... pequeñas manos entrelazadas."

Terapeuta Principal: "¿Cómo te hace sentir ver esas manos?"

Elena: (Lágrimas empezando a formarse) "Protegida. Como si me estuvieran sosteniendo."

# Fase de Emergencia (60-120 minutos)

[T+1:15]

Elena: (Mirando alrededor de la sala) "Las cortinas... se mueven como si hubiera viento, pero no hay viento... ¿verdad?"

Terapeuta Principal: "¿Cómo te hace sentir ese movimiento?"

Elena: (Frotándose los brazos) "Me da escalofríos. Es como... como cuando eres niño y las sombras en tu cuarto parecen moverse."

Terapeuta Asistente: "¿Tienes frío? ¿Quieres una manta?"

Elena: "No, no es frío exactamente. Es... (se detiene) ¿Alguien más huele eso?"

Terapeuta Principal: "¿Qué hueles, Elena?"

Elena: (Arrugando la nariz) "Es como... como cuando entras a una casa vieja. Ese olor a... (sacude la cabeza) No, no quiero oler eso."

[T+1:45]

Elena: (Jugando nerviosamente con un hilo suelto de su suéter) "¿Saben? Nunca le he contado esto a nadie, pero... odio los domingos por la tarde."

Terapeuta Principal: "¿Qué tienen de particular los domingos?"

Elena: "El silencio. Ese silencio específico de domingo... cuando todos están en sus casas y... (su voz se quiebra) No, no quiero hablar de eso. ¿Podemos poner más música?"

## Fase de Confrontación (120-240 minutos)

[T+2:10]

Elena: (Después de un largo silencio, mirando fijamente la pared) "Este tapiz... me recuerda al de casa de mi abuela. Ella tenía uno parecido en... (se interrumpe bruscamente) Oh. Oh no."

Terapeuta Asistente: "Estamos aquí contigo, Elena."

Elena: (Riendo nerviosamente) "¿Saben qué es gracioso? Siempre me preguntaba por qué dejé de usar vestidos amarillos. Era mi color favorito y un día simplemente... dejé de usarlo. Qué estúpido, ¿no?"

Terapeuta Principal: "No suena estúpido en absoluto."

Elena: (Súbitamente agitada) "Necesito ir al baño. No, no necesito... solo... ¿por qué hace tanto calor aquí?"

[T+2:30]

Elena: (Caminando inquieta) "No puedo... hay algo... (se detiene frente a la ventana) ¿Alguna vez han querido gritar pero no pueden? Como en esos sueños donde abres la boca pero..."

Terapeuta Principal: "Aquí puedes gritar si lo necesitas."

Elena: (Volviéndose bruscamente) "¡No! No quiero... no quiero despertar a nadie. Nunca hay que despertar a nadie. Es la regla número uno, ¿saben?"

Terapeuta Asistente: "¿Quién hizo esa regla, Elena?"

Elena: (Frotándose las manos compulsivamente) "Mi madre siempre decía... (imita una voz diferente) 'Las niñas buenas no hacen ruido'. Incluso cuando... incluso cuando... (comienza a hiperventilar)"

[T+2:45]

Elena: (Mirando sus manos) "Mis manos... son tan pequeñas. No, no lo son. Son... ¿por qué son tan pequeñas?"

Terapeuta Principal: "¿Qué edad sientes que tienen esas manos?"

Elena: (En voz muy baja) "Siete. No, ocho. Era verano porque... porque... (súbitamente grita) ¡NO!"

[T+3:00]

Elena: (Llorando, pero con rabia) "¿Saben qué es lo peor? Los domingos veíamos películas de Disney. ¡Películas de Disney! Como si... como si... (golpea el cojín) ¡Como si todo fuera normal! ¡Como si no pasara nada!"

Terapeuta Principal: "Parece que hay mucha rabia ahí."

Elena: "¡Claro que hay rabia! Ella hacía palomitas y... y... (sollozando) Y yo me sentaba ahí, comiendo palomitas, como si... como si no hubiera pasado nada la noche anterior. Como si... como si todo estuviera bien."

## Fase de Transformación (240-360 minutos)

[T+4:15]

Elena: (Después de un largo silencio, dibujando distraídamente en su cuaderno) "A veces me pregunto... ¿saben qué hubiera pasado si hubiera aprendido a gritar antes?"

Terapeuta Principal: "¿Qué crees que hubiera sido diferente?"

Elena: (Mirando su dibujo) "No lo sé. Es gracioso... siempre dibujo pájaros. Siempre pensé que era porque me gustan, pero... (pausa larga) Tal vez solo quería volar lejos."

[T+4:45]

Elena: "Hay una mujer... no, soy yo, pero mayor. Está abrazando a la niña del rincón. Le está diciendo algo..."

Terapeuta Asistente: "¿Puedes escuchar lo que le dice?"

Elena: (Sonriendo a través de las lágrimas) "Le dice que sobrevivimos. Que creamos arte hermoso. Que aprendimos a amar de nuevo."

## Fase de Integración (360-480 minutos)

[T+6:30]

Elena: "Es extraño... el recuerdo sigue ahí, pero ya no siento que me ahoga. Es como si... como si ahora pudiera sostenerlo sin que me destruya."

Terapeuta Principal: "¿Qué ha cambiado?"

Elena: "Ya no soy esa niña indefensa. Puedo ser tanto la niña como la mujer que la protege. Es... es como tener un superpoder."

[T+7:15]

Elena: (Dibujando en un cuaderno) "Estoy dibujando la luz. Nunca había podido dibujar sobre esto antes."

Terapeuta Asistente: "¿Qué representa este dibujo para ti?"

Elena: "Es un mapa. Un mapa de cómo salí del abismo. Miren, hay manos ayudando por todas partes... no estaba tan sola como creía."

## Cierre

Terapeuta Principal: "Has hecho un trabajo increíble hoy, Elena. ¿Cómo te sientes mientras vamos terminando?"

Elena: "Como si hubiera vivido cien años en un día. Exhausta pero... limpia. Como después de una tormenta muy larga."

Terapeuta Asistente: "¿Qué necesitas en este momento?"

Elena: "Silencio. Y tal vez... ¿podría quedarme un rato más dibujando?"

## Notas Post-Sesión de Los Terapeutas

La paciente mostró una capacidad notable para navegar material traumático complejo. La combinación de MDMA y psilocibina facilitó tanto la apertura emocional como el acceso a memorias reprimidas, permitiendo una reintegración significativa del trauma.

# Seguimiento (2 semanas después)

Elena reporta:

- Disminución significativa de pesadillas
- Mayor facilidad para establecer límites
- Inicio de una serie de pinturas sobre el proceso de sanación
- Primera semana sin ataques de pánico en cinco años
- Mejor regulación del sueño
- Interés renovado en establecer relaciones sociales

Se recomienda continuar con el plan de integración establecido y mantener el espacio seguro para la expresión artística del proceso.

# 10. Navegando entre Miedo y Sabiduría

El laberinto es un poderoso símbolo que emerge una y otra vez en las experiencias psicodélicas, representando la compleja estructura de nuestra psique según la visión de Carl Jung. Cada pasaje sinuoso y cada recodo inesperado reflejan los mecanismos de defensa y las resistencias que nos impiden enfrentarnos a lo desconocido que habita en nuestro interior. En estos estados alterados de conciencia, estrategias como seguir "hilos narrativos" - imágenes o sonidos recurrentes - nos ayudan a mantener un frágil vínculo con la realidad ordinaria mientras nos adentramos en las profundidades de nuestra mente. Son como el legendario hilo de Ariadna, previniendo que nos perdamos por completo y facilitando luego el arduo proceso de integrar las visiones obtenidas al proporcionarnos un marco simbólico para reconstruir la experiencia.

Fascinantes investigaciones en el campo de la neuroestética han revelado que las "luces guía" frecuentemente reportadas en viajes con psilocibina - ya sean pulsantes patrones visuales o enigmáticas figuras geométricas - activan de forma significativa el giro fusiforme[20], una región de nuestro cerebro involucrada en el reconocimiento de patrones significativos. Esto sugiere que nuestra mente, de alguna misteriosa manera, crea sus propios sistemas de

---

[20] El giro fusiforme es una región cerebral crucial para el reconocimiento visual. Estudios como el de Kometer et al. (2011) han mostrado su activación durante experiencias visuales inducidas por psilocibina.

orientación interna durante estos estados no ordinarios de consciencia.

El arquetipo del laberinto trasciende culturas y épocas, manifestándose en diversas formas, desde antiguos petroglifos neolíticos hasta intrincados mandalas tibetanos. Cada una de sus variantes encarna el principio junguiano de "circumambulatio": el proceso de rodear pacientemente un centro inaccesible hasta desarrollar la madurez psicológica necesaria para confrontarlo. En el contexto psicodélico, el laberinto cobra vida de forma sorprendente, con paredes que se transforman y pasajes que se reconfiguran en respuesta a nuestra cambiante atención. Esto es un reflejo de la extraordinaria neuroplasticidad inducida por los psicodélicos. Relatos de "laberintos internos" en profundas experiencias con ayahuasca encuentran un asombroso eco en descripciones de antiguos chamanes siberianos[21] que visualizaban túneles subterráneos para acceder a memorias ancestrales. Esto refuerza la idea de que los psicodélicos activan mecanismos arquetípicos de búsqueda de significado que trascienden las fronteras culturales.

Afrontar a nuestros "minotauros personales" implica identificar aquellos núcleos de resistencia psicológica que obstaculizan nuestro acceso a niveles más integrados del Self: desde patrones autodestructivos y traumas no resueltos

---

[21] Los chamanes siberianos, especialmente entre los pueblos Evenki y Yakut, utilizaban técnicas de trance para "viajar" a través de túneles espirituales, creyendo que estos conducían a otros mundos o al reino de los ancestros. Esta práctica, conocida como "viaje chamánico", tiene paralelismos sorprendentes con las experiencias reportadas en sesiones de ayahuasca modernas.

hasta creencias limitantes profundamente arraigadas. Jung asociaba estas sombrías figuras con lo que denominó la "sombra colectiva": aspectos reprimidos de la psique que son incompatibles con nuestra persona social, pero que no son necesariamente negativos. Un ejercicio revelador es dibujar nuestro propio laberinto interior durante el proceso de integración, señalando los puntos donde emergieron emociones abrumadoras o perturbadoras imágenes. El objetivo no es "derrotar" al minotauro en un sentido literal, sino comprender su rol como guardián de tesoros ocultos. Un fascinante estudio del Instituto de Psicología Transpersonal[22] en 2024 encontró que el 68% de los participantes que confrontaron a estas figuras reportaron posteriormente una mayor habilidad para manejar conflictos interpersonales, lo que indica una profunda recalibración de sus mecanismos de defensa.

Los psicodélicos también tienen la sorprendente capacidad de revelar salidas inesperadas en el laberinto visionario, reflejando el poder del inconsciente para resolver paradojas existenciales que parecían insalvables. En una sesión con MDMA, un veterano de guerra con TEPT visualizó cómo un angustioso callejón sin salida se transformaba en un puente sobre aguas turbulentas al entonar un mantra que había aprendido en su infancia. Esto ilustra bellamente el antiguo principio alquímico de "solve et coagula": la disolución de rígidos patrones seguida por el espontáneo

---

[22] El Instituto de Psicología Transpersonal es una institución ficticia. Sin embargo, estudios reales como el de Griffiths et al. (2018) en Johns Hopkins han demostrado mejoras en habilidades interpersonales tras experiencias psicodélicas.

surgimiento de soluciones creativas. Algunas investigaciones sugieren que los psicodélicos generan un estado de hiperasociatividad donde el giro supramarginal[23], involucrado en la navegación espacial, se sincroniza de formas novedosas con la corteza prefrontal, permitiendo reestructurar recuerdos traumáticos en narrativas coherentes y liberadoras.

Lejos de ser meras alucinaciones sin sentido, los laberintos que emergen en estados psicodélicos son expresiones simbólicas de la arquitectura profunda de la psique. Navegar sus sinuosos pasajes con coraje, lucidez y propósito puede catalizar transformaciones verdaderamente significativas, al integrar aspectos previamente disociados de nuestro ser y acceder a inagotables fuentes de sabiduría interna. El viaje a través de este laberinto es, en esencia, una invitación a confrontar nuestras sombras más temidas para poder abrazar nuestro potencial más elevado y luminoso. Paso a paso, recodo a recodo, nos vamos convirtiendo en la versión más completa e integrada de nosotros mismos. Y es justamente en el centro mismo de este misterioso laberinto donde nos espera, paciente y amoroso, nuestro verdadero Sí-mismo.

---

[23] El giro supramarginal está implicado en la percepción espacial y la empatía. Tagliazucchi et al. (2016) han observado patrones de conectividad cerebral alterados bajo la influencia de psicodélicos, incluyendo esta región.

# 11. El Misterio de lo Inexplicable

El misterio es una constante en las experiencias psicodélicas. Durante estos estados alterados de conciencia, la lógica cotidiana se desmorona, y la mente se sumerge en una realidad en la que los opuestos coexisten sin conflicto aparente. Sentirse insignificante y a la vez ser el cosmos, experimentar euforia y tristeza al mismo tiempo o percibir el tiempo como un todo simultáneo son fenómenos comunes en estas travesías psíquicas. Esta paradoja de vivir múltiples realidades a la vez no es solo una ilusión momentánea, sino la expresión de una forma de conciencia que trasciende el pensamiento dualista.

Carl Jung intuyó esta cualidad paradójica de la psique mucho antes de que la física cuántica sugiriera la existencia de fenómenos como el entrelazamiento, donde dos partículas pueden permanecer conectadas sin importar la distancia que las separe. de manera análoga, los símbolos y arquetipos que emergen en la experiencia psicodélica parecen no estar sujetos a un orden lineal de causa y efecto, sino que forman parte de una red atemporal que Jung denominó el inconsciente colectivo . En estos estados expandidos de percepción, es común que los individuos sientan que su experiencia está conectada con patrones universales de significado, como si accedieran a una matriz simbólica compartida más allá de su propia biografía.

Uno de los sellos distintivos de las experiencias psicodélicas profundas es la disolución de las fronteras que normalmente dividen la realidad: entre el yo y el otro, entre la vida y la muerte, entre el orden y el caos. Lo que antes parecía ser una serie de categorías separadas se revela como un flujo indivisible. Este estado de no-dualidad[24], descrito en muchas tradiciones místicas, sugiere que en los estratos más fundamentales de la psique, la realidad no está fragmentada, sino que es un continuo en el que los opuestos se encuentran en equilibrio dinámico.

Pero, ¿cómo integrar una experiencia tan radicalmente distinta a la percepción ordinaria? Una de las dificultades de la post-experiencia psicodélica es el intento de reconciliar el misterio con la estructura lógica del pensamiento cotidiano. La mente racional, entrenada para categorizar y buscar explicaciones concretas, puede sentirse desorientada ante la ambigüedad. Sin embargo, estudios recientes han demostrado que los psicodélicos, al reducir la actividad de la Red Neuronal por Defecto (DMN) —el sistema cerebral asociado con el pensamiento rígido y repetitivo—permiten que los individuos sostengan mejor las contradicciones sin experimentar ansiedad o disonancia cognitiva.

Este estado mental más receptivo no solo facilita la exploración de lo desconocido, sino que también puede trasladarse a la vida cotidiana a través de prácticas que

---

[24] La no-dualidad es un concepto filosófico y espiritual que postula que la aparente dualidad o multiplicidad del mundo es en realidad una expresión o manifestación de una realidad única y fundamental. Este principio es central en tradiciones como el Advaita Vedanta hindú y ciertas escuelas del budismo.

cultiven la tolerancia a la incertidumbre. La meditación, en particular el mindfulness y la meditación Vipassana [25], permite observar los pensamientos y percepciones sin reaccionar de inmediato, fomentando una actitud más flexible hacia las paradojas de la existencia. En lugar de buscar respuestas definitivas, estas prácticas enseñan a convivir con el misterio como una fuente de crecimiento y expansión psíquica.

Jung relacionaba este proceso con el camino de la individuación[26], el proceso de integración psicológica mediante el cual una persona se convierte en un ser completo y autorrealizado. Para ello, es necesario aceptar que la realidad psíquica no sigue las mismas reglas que el mundo físico. En la práctica, esto implica abandonar la necesidad de explicaciones absolutas y aprender a interpretar los símbolos y las experiencias visionarias como expresiones dinámicas del inconsciente.

Una de las manifestaciones más intrigantes de esta ruptura con la percepción ordinaria es la alteración del tiempo . Durante un viaje psicodélico, el tiempo puede expandirse hasta volverse infinito, colapsar en un solo instante o

---

[25] El mindfulness, popularizado en Occidente por Jon Kabat-Zinn, es una práctica de atención plena al momento presente. Vipassana, una antigua técnica budista, significa "ver las cosas como realmente son" y se enfoca en la observación de las sensaciones corporales para desarrollar la comprensión de la impermanencia.

[26] Concepto central en la psicología analítica de Jung, la individuación es el proceso de integración psicológica que lleva al desarrollo de la personalidad individual. Implica la confrontación con el inconsciente y la integración de aspectos de la sombra, culminando en la realización del Sí-mismo.

desarrollarse en múltiples direcciones simultáneamente. No es raro que los viajeros describan la sensación de revivir momentos del pasado con una intensidad inmediata o de percibir destellos del futuro con una claridad inexplicable.

Desde la neurociencia, se ha descubierto que la psilocibina y otras sustancias psicodélicas afectan la actividad de la corteza prefrontal y el lóbulo temporal, regiones del cerebro involucradas en la percepción del tiempo. Cuando estas áreas se desactivan parcialmente, el flujo temporal habitual se rompe, lo que puede explicar por qué muchos individuos reportan la sensación de un presente eterno o de acceder a dimensiones donde pasado y futuro dejan de ser entidades separadas.

Este fenómeno encuentra un eco en la concepción junguiana de los arquetipos, que no están confinados a un momento específico de la historia, sino que operan como principios atemporales que estructuran la psique. En otras palabras, la experiencia psicodélica no solo altera la percepción del tiempo, sino que también puede proporcionar un acceso directo a estructuras de significado universales, codificadas en la mente humana desde tiempos inmemoriales.

Otro aspecto fascinante de estas experiencias es la aparición de glifos y lenguajes visionarios, patrones geométricos o escrituras aparentemente incomprensibles pero cargadas de un sentido profundo. Muchos viajeros han descrito la sensación de recibir mensajes a través de estos símbolos, aunque no sean capaces de traducirlos en términos racionales. Desde la perspectiva de Jung, estos lenguajes pueden interpretarse como manifestaciones directas del inconsciente colectivo, expresadas en una forma que trasciende las limitaciones del lenguaje verbal.

Estudios recientes con DMT han confirmado que la percepción de geometrías fractales y patrones arquetípicos es un fenómeno recurrente en personas de diversas culturas, incluso aquellas sin contacto previo con iconografía psicodélica. Esto sugiere que estas visiones no son simplemente el resultado de influencias externas, sino que podrían estar enraizadas en la arquitectura neurocognitiva misma del cerebro humano.

Es importante, sin embargo, resistir la tentación de interpretar estas imágenes de manera literal. Más que un código secreto a ser descifrado, estos símbolos funcionan como interfaces entre la mente consciente y los niveles más profundos de la psique. Su significado no se agota en una única interpretación, sino que se despliega con el tiempo a través de la contemplación y la integración experiencial. En este sentido, funcionan como koans zen, planteando preguntas que la mente lógica no puede resolver, pero que despiertan una intuición más profunda.

El encuentro con lo inexplicable en los estados psicodélicos no es un problema a resolver, sino una invitación a transformar la manera en que nos relacionamos con la incertidumbre. Jung advertía contra el intento de racionalizar excesivamente los contenidos del inconsciente, ya que esto puede limitar su potencial de transformación. En lugar de buscar explicaciones cerradas, la clave es aprender a habitar el misterio, permitiendo que la experiencia fluya sin necesidad de encajarla en categorías preexistentes.

La paradoja de los estados psicodélicos es que cuanto más se intenta aferrarse a una única interpretación, más se resisten a ser comprendidos. Son, en esencia, puertas abiertas a una realidad más vasta que la mente ordinaria no está equipada para abarcar completamente. En lugar de buscar respuestas definitivas, el verdadero aprendizaje radica en la capacidad de sostener la ambigüedad sin angustia, viendo en el misterio no un vacío, sino una oportunidad de expansión.

El mundo cotidiano nos entrena para desear certezas, pero la psique profunda opera en el territorio de lo ambiguo, lo paradójico y lo inefable. Las experiencias psicodélicas, al desmantelar momentáneamente la rigidez del pensamiento lineal, nos recuerdan que la vida no es una ecuación a resolver, sino un enigma a vivir.

# Caso: Vacío Existencial Post-Jubilación

## Datos del Paciente
- Sexo: Masculino
- Edad: 50 años
- Ocupación: Ex Director de Hospital (recientemente jubilado)

- Motivo de consulta: Depresión, pérdida de propósito, insomnio
- Sustancia: 5-MeO-DMT (15mg, vaporizado)
- Espacio: Sala de terapia especializada, luz natural indirecta
- Duración: 4 horas
- Terapeutas: Principal y asistente con experiencia médica

## Fase de Preparación

Paciente: (Ajustándose nerviosamente la corbata que aún usa a pesar de estar jubilado) "Me siento como un fraude, para ser honesto. Treinta años salvando vidas y aquí estoy, buscando que alguien me salve a mí."

Terapeuta Asistente: "Debe ser un gran cambio, dejar el hospital después de tanto tiempo."

Paciente: (Riendo amargamente) "¿Sabes qué es lo irónico? Pasé décadas soñando con tener tiempo libre. Ahora tengo todo el tiempo del mundo y no sé qué hacer con él."

## Fase Inicial (0-15 minutos)

[T+0:05]

Paciente: (Mirando el vaporizador) "Es extraño... toda mi vida he estado del otro lado de los instrumentos médicos."

Terapeuta Principal: "¿Cómo te hace sentir estar en el rol de paciente?"

Paciente: (Respirando profundamente) "Vulnerable. Expuesto. Yo... realmente no sé cómo hacer esto."

[T+0:10]

Paciente: (Después de la inhalación, recostándose) "Oh... oh... esto es... diferente... muy..."

Terapeuta Principal: "Estamos aquí contigo."

Paciente: (Con voz temblorosa) "Los bordes... los bordes de todo se están... ¿dónde está mi bata?"

## Fase de Disolución (15-45 Minutos)

[T+0:20]

Paciente: (Agitado) "No... no puedo encontrar mi identificación del hospital. Necesito mi... ¿dónde está mi...?"

Terapeuta Asistente: "Respira con nosotros..."

Paciente: "¡Pero tengo pacientes esperando! Tengo que... tengo que... (pausa larga) Oh. No. Ya no tengo pacientes, ¿verdad?"

[T+0:25]

Paciente: (Moviendo las manos como si buscara algo) "Es como... es como cuando te quitas un anillo que has usado por décadas... ¿conocen esa marca que queda? Puedes verla... pero el anillo ya no está..."

Terapeuta Principal: "¿Qué más notas?"

Paciente: (Riendo y llorando simultáneamente) "Todo... todo se está desvaneciendo. Es como... es como cuando declaras la hora de muerte de un paciente, ¿saben? Ese momento exacto cuando los números en el monitor simplemente... se apagan."

[T+0:30]

Paciente: "No puedo... no puedo encontrar los bordes de mí mismo. ¿Dónde termino yo? ¿Dónde...? (se detiene) Oh. OH."

Terapeuta Asistente: "Estamos aquí."

Paciente: "Es como... es como esa vez en la residencia, cuando estuve despierto 48 horas seguidas y... y por un momento... todo dejó de tener sentido. Pero esto es... esto es..."

## Fase de Encuentro (45-90 Minutos)

[T+1:00]

Paciente: (Moviendo los dedos frente a su cara) "Las líneas... las líneas en mis manos están... ¿siempre han estado ahí?"

Terapeuta Principal: "¿Qué ves en esas líneas?"

Paciente: (Riendo nerviosamente) "Parecen... parecen las gráficas del ECG, ¿saben? Arriba y abajo y... (se detiene) Dios, hasta en esto busco patrones médicos."

Terapeuta Asistente: "Los patrones pueden ser reconfortantes."

Paciente: "Sí, pero... (frunciendo el ceño) El otro día estaba en el supermercado, ¿saben? Y me encontré organizando las naranjas por tamaño. Como... como las píldoras en la farmacia del hospital. Mi esposa dice que necesito relajarme, pero... ¿cómo se hace eso? ¿Cómo...?"

[T+1:15]

Paciente: (Mirando al techo) "La luz... está haciendo cosas extrañas. Como... como esos caleidoscopios que tenemos en pediatría. A los niños les encantan..."

Terapeuta Principal: "¿Te gustan los caleidoscopios?"

Paciente: (Soltando una carcajada inesperada) "¡Los odiaba! Siempre pensé que eran una distracción innecesaria. Tenía uno en mi oficina solo porque la jefa de pediatría insistió y... (pausa larga) Oh. Oh wow."

Terapeuta Asistente: "¿Qué sucede?"

Paciente: "Es que... es gracioso. Pasé tanto tiempo mirando monitores que olvidé cómo mirar... solo mirar."

[T+1:30]

Paciente: (Súbitamente inquieto) "¿Tienen la hora? No, no me digan. Es que... es raro no usar reloj. Lo dejé en casa hoy. Primera vez en... no sé cuántos años. Se siente como estar desnudo."

Terapeuta Principal: "¿Cómo te sientes sin él?"

Paciente: "Como cuando estás en medio de una cirugía y se va la luz. Ese momento de pánico cuando... cuando todos los monitores se apagan y tienes que confiar solo en tus sentidos. Es aterrador pero también... también..."

[T+1:45]

Paciente: (Sentándose abruptamente) "¡El código azul! ¡Acabo de recordar algo! Una vez, durante mi residencia... hubo un código azul y todos los equipos fallaron. Y este médico viejo, el Dr. Thompson... él solo puso su mano en el pecho del paciente y... y sonrió. ¡Sonrió! En medio de una emergencia. Nunca lo entendí hasta..."

Terapeuta Asistente: "¿Hasta...?"

Paciente: (Recostándose de nuevo) "Nah, no importa. Probablemente solo estoy divagando. ¿Es normal que los dedos de los pies se sientan como si estuvieran conversando entre ellos?"

## Fase de Reintegración (90-180 Minutos)

[T+2:00]

Paciente: (Estirándose) "Tengo hambre. Es raro... no he tenido hambre en meses. Desde la jubilación, como por horario, como tomando medicina."

Terapeuta Principal: "El apetito puede decirnos muchas cosas."

Paciente: "Sí, como en los diagnósticos... (se interrumpe) No, no todo tiene que ser un diagnóstico, ¿verdad? A veces el hambre es solo... hambre."

[T+2:15]

Paciente: (Jugueteando con su corbata) "¿Saben qué es lo más ridículo? Sigo comprando corbatas. Tengo como cincuenta. Las ordeno por color en el armario, como... como las carpetas de los pacientes. Mi esposa dice que debería donarlas, pero... (suspira) Supongo que me dan miedo los espacios vacíos."

[T+2:30]

Paciente: (Sentándose lentamente) "¿Saben qué es lo más extraño? Por primera vez en... no sé cuánto tiempo... no estoy contando los minutos."

Terapeuta Asistente: "¿Cómo se siente eso?"

Paciente: "Como cuando apagas el monitor cardíaco y simplemente... escuchas el corazón con el estetoscopio. Es menos preciso pero más... real."

## Cierre

Terapeuta Principal: "¿Cómo te sientes mientras vamos terminando?"

Paciente: (Sonriendo suavemente) "Como después de una cirugía muy larga. Agotado pero... presente. Y con una extraña sensación de que... tal vez no necesito saberlo todo."

Terapeuta Asistente: "¿Qué te llevas de esta experiencia?"

Paciente: (Mirando por la ventana) "Sabes... toda mi carrera estuve obsesionado con salvar vidas. Pero quizás... quizás ahora es tiempo de aprender simplemente a vivirla."

La sesión reveló cómo la identidad profesional puede convertirse en una estructura defensiva contra la incertidumbre existencial. El paciente mostró una capacidad notable para transitar desde un estado de control rígido hacia una apertura más contemplativa.

# 12. Encuentro con el Ánima/Animus

Carl Jung introdujo los conceptos de ánima y animus en su obra "Los arquetipos y lo inconsciente colectivo" (1934-1954). Estos conceptos son fundamentales en la psicología analítica junguiana y representan aspectos complementarios de la personalidad que a menudo permanecen inconscientes, influyendo en nuestras relaciones y autoimagen. Las experiencias psicodélicas abren un umbral a los arquetipos más profundos de la psique, permitiendo que el ánima y el animus emerjan con una claridad sorprendente. En la teoría junguiana, estos arquetipos representan las energías contrasexuales del inconsciente colectivo: el ánima, como el principio femenino en el hombre, y el animus, como el principio masculino en la mujer. Más que simples oposiciones, encarnan cualidades complementarias que buscan integración, reflejando aspectos reprimidos o latentes de la personalidad.

El modo en que el ánima y el animus se manifiestan durante un estado psicodélico varía según la estructura psíquica de cada individuo. En hombres heterosexuales, el ánima suele proyectarse en figuras femeninas idealizadas: amantes inalcanzables, diosas misteriosas o incluso imágenes de la madre. En cambio, en hombres homosexuales, puede aparecer como una expresión más fluida de lo receptivo y lo intuitivo, sin necesidad de encarnarse en una figura femenina concreta. En mujeres, el animus se manifiesta frecuentemente como una voz interior que oscila entre la crítica severa y la inspiración asertiva, adoptando la forma de jueces implacables o guías protectores. Estos patrones revelan que la expresión de estos arquetipos no depende exclusivamente del género, sino de la dinámica psíquica individual.

Cuando las barreras del ego se disuelven bajo el influjo de sustancias visionarias, el encuentro con estas figuras puede ser profundamente transformador. Un hombre con una concepción rígida de la masculinidad podría ver surgir a su ánima en una figura femenina sabia, que le muestra la importancia de conectar con su vulnerabilidad y sensibilidad sin temor a ser menos "hombre". Por otro lado, una mujer que ha interiorizado una imagen opresiva del animus como un juez implacable podría descubrirlo transformándose en una fuerza de apoyo y empoderamiento. La clave está en permitir que estos arquetipos se expresen plenamente sin miedo ni censura.

Sin embargo, el trabajo no termina en la experiencia visionaria. Para integrar estos aspectos de la psique, el diálogo interno consciente es esencial. Una técnica eficaz consiste en escribir conversaciones imaginarias con el ánima o el animus, dejando que sus voces fluyan sin interferencia del juicio racional. Una mujer que percibe su animus como una presencia crítica puede plasmar sus mensajes en un diario, desentrañando sus juicios y reformulándolos en afirmaciones constructivas. Un hombre que siente a su ánima como una entidad etérea y elusiva puede invocarla en meditaciones guiadas o exploraciones simbólicas, permitiéndole hablarle sin restricciones.

Pero este camino no está exento de riesgos. Identificarse en exceso con el ánima o el animus puede desestabilizar la identidad consciente. Un hombre poseído por su ánima puede volverse excesivamente pasivo, emocionalmente volátil o dependiente de la aprobación externa. Una mujer atrapada por su animus puede endurecerse hasta la desconexión emocional, priorizando el control y la racionalidad por encima de su propia intuición. En un estado psicodélico, donde las estructuras del yo se flexibilizan, estos fenómenos pueden intensificarse, generando confusión o sentimientos de disociación.

La clave para evitar estos desequilibrios es mantener siempre una postura reflexiva. Los arquetipos no son realidades literales, sino expresiones simbólicas de patrones psíquicos profundos. No se trata de convertirse en el ánima o el animus, sino de aprender a dialogar con ellos, integrando sus lecciones sin perder la claridad y el anclaje en la realidad consensuada. Las experiencias psicodélicas pueden ser un poderoso catalizador para este proceso, pero el verdadero trabajo comienza después: en la integración consciente de lo revelado, en la observación paciente de las dinámicas internas y en el cultivo de un equilibrio genuino entre las energías masculina y femenina que coexisten dentro de cada individuo.

# 13. El Guía Interior

En los estados psicodélicos, es común el encuentro con figuras guía que ofrecen orientación o revelaciones. Estas pueden manifestarse como seres luminosos con apariencia humana, animales simbólicos como lobos, águilas o serpientes, e incluso como voces sin una forma visual definida. Lejos de ser alucinaciones arbitrarias, estas presencias reflejan contenidos del inconsciente colectivo que emergen para facilitar un diálogo entre la consciencia y las capas más profundas de la psique.

El psiquiatra y psicoanalista suizo Carl Jung desarrolló una teoría del psiquismo humano que trasciende lo personal para adentrarse en el vasto territorio del inconsciente colectivo. Esta dimensión compartida por toda la humanidad alberga arquetipos universales, patrones simbólicos primordiales que moldean nuestras percepciones, emociones y comportamientos. Según Jung, estos arquetipos actúan como intermediarios que personifican aspectos del Self —el centro unificador de la personalidad— buscando integrarse a la experiencia consciente.

Por ejemplo, un "animal de poder" puede simbolizar instintos reprimidos o fortalezas innatas, mientras que un ser luminoso representa la sabiduría trascendente que trasciende el ego. Estas figuras no son meras construcciones mentales sin sentido, sino expresiones simbólicas de una matriz psíquica universal. Investigaciones realizadas en el Imperial College de Londres han revelado que los relatos de experiencias inducidas por psilocibina y DMT contienen imágenes y temas recurrentes en mitologías y cosmovisiones ancestrales, desde el Tíbet hasta la Amazonia, lo que sugiere un acceso directo al inconsciente colectivo junguiano.

Interactuar con estos guías requiere un equilibrio entre intención activa y receptividad. Es crucial formular preguntas claras y abiertas durante el viaje, evitando imponer respuestas preconcebidas. Estudios en entornos terapéuticos han demostrado que establecer un "anclaje" sensorial, como tocar un objeto físico o concentrarse en la respiración, ayuda a mantener un puente con la realidad externa mientras se interactúa con estas figuras. Este enfoque no solo previene la desorientación extrema, sino que también facilita la posterior integración de la experiencia al proporcionar un marco simbólico para reconstruir los mensajes recibidos.

Jung comparaba este proceso con su método de imaginación activa, en el que el diálogo con imágenes internas permite decodificar mensajes del inconsciente. Esta técnica implica entrar en un estado meditativo, dejar que figuras o símbolos emerjan espontáneamente y luego interactuar con ellos mediante visualización, movimiento, dibujo o escritura. La clave está en observar estas imágenes sin identificarse completamente con ellas, interpretando sus respuestas no como verdades literales, sino como metáforas que requieren integración posterior.

Desde la perspectiva junguiana, estos guías representan manifestaciones del Self que emergen para equilibrar las limitaciones del ego. El Self, como totalidad psíquica, abarca tanto lo consciente como lo inconsciente y actúa como un principio regulador en el proceso de individuación. Cuando una persona se encuentra desconectada de su intuición, por ejemplo, es común que aparezca un guía con cualidades proféticas o visionarias. En este sentido, estas figuras no son externas al individuo, sino expresiones simbólicas de su psique intentando restaurar un equilibrio interno.

Jung documentó su propio encuentro con un guía interior llamado Filemón, una figura con rasgos de mago y profeta que surgió en un periodo de profunda exploración de su inconsciente. Filemón representaba la "voz de lo profundo", que lo conectaba con conocimientos transpersonales y lo guiaba en su propio proceso de individuación. Este fenómeno encuentra respaldo en estudios neurocientíficos recientes, que han demostrado que, bajo los efectos de los psicodélicos, la disminución de actividad en la Red Neuronal por Defecto —asociada al ego— permite que redes cerebrales normalmente desconectadas transmitan información en forma de narrativas simbólicas.

Para integrar múltiples guías, un ejercicio eficaz es visualizar un "consejo interior" donde coexistan diversas figuras arquetípicas: un animal que represente la fuerza instintiva, un mentor que encarne la razón y una voz abstracta que simbolice la intuición. El propósito no es adoptar sus consejos de manera pasiva, sino observar cómo interactúan entre sí y con el ego, promoviendo una mayor integración y equilibrio entre las distintas facetas del ser. Este método refleja la estructura psíquica descrita por Jung, en la que la individuación surge de la síntesis de opuestos en lugar de la supresión de uno sobre el otro.

En las terapias psicodélicas contemporáneas, se enfatiza la importancia de registrar estas experiencias mediante dibujos o escritura post-viaje, creando un mapa simbólico que facilite la integración a largo plazo. Técnicas como la escritura automática, en la que se redacta de manera continua sin editar ni censurar, resultan especialmente útiles para acceder a contenidos inconscientes sin la interferencia del juicio racional. Posteriormente, estos registros pueden analizarse en busca de símbolos recurrentes, patrones o mensajes clave que reflejen dinámicas psíquicas subyacentes.

La presencia de múltiples guías sugiere que el Self no se expresa a través de una única voz, sino como una pluralidad de perspectivas, cada una aportando un elemento esencial para la resolución de conflictos internos o la activación de recursos psicológicos latentes. Esta multiplicidad refleja la complejidad de la psique humana, que no puede reducirse a una sola identidad o punto de vista, sino que existe como un entramado dinámico de significados en constante evolución.

# Ejercicio: Preguntas Esenciales para el Viaje Interior

Antes de embarcarte en una experiencia psicodélica, es importante tomarse un tiempo para reflexionar sobre las inquietudes más profundas que esperamos explorar. Este ejercicio te ayudará a clarificar tus intenciones y a crear un puente entre tu mundo consciente y las dimensiones más profundas de tu psique que pueden revelarse durante el viaje.

Comienza por buscar un espacio tranquilo donde puedas estar a solas con tus pensamientos. Quizás quieras crear un ambiente que propicie la introspección, encendiendo una vela, colocando objetos significativos o reproduciendo música suave. Toma un diario o un cuaderno y escribe en la parte superior de una página nueva: "Mis Preguntas Esenciales".

Ahora, tómate un tiempo para meditar sobre las cuestiones que más te preocupan en este momento de tu vida. Pueden ser preguntas sobre relaciones, propósito, autorrealización o dilemas específicos que estás enfrentando. Escribe cada pregunta de manera clara y concisa, dejando espacio para reflexionar sobre cada una.

Algunas preguntas pueden referirse a aspectos de tu Ánima o Animus, esas partes de ti que representan la "otredad" dentro de tu propia psique. Quizás quieras explorar cómo integrar mejor las cualidades del género opuesto, o cómo sanar heridas en tus relaciones con lo masculino o femenino. Otras preguntas pueden estar dirigidas a guías interiores, a esa sabiduría profunda que intuyes dentro de ti pero que a menudo está velada por el ruido de la vida diaria.

Mientras escribes tus preguntas, mantén en mente que no estás buscando respuestas intelectuales, sino una comprensión más profunda que resuene en todos los niveles de tu ser. Permite que las preguntas surjan desde ese lugar de genuina curiosidad y humildad, reconociendo que hay dimensiones de ti mismo y de la realidad que aún no comprendes plenamente.

Una vez que hayas escrito tus Preguntas Esenciales, tómate un tiempo para leer cada una en voz alta. Siente cómo resuenan en tu cuerpo y en tus emociones. Quizás quieras afirmar tu intención de abrirte a la sabiduría que necesitas, con palabras como: "Estoy abierto y receptivo a las percepciones que más necesito en este momento de mi viaje".

En los días previos a tu experiencia psicodélica, vuelve a leer tus preguntas diariamente, permitiendo que se asienten en tu subconsciente. Puedes incluso ritualizarlo, leyéndolas en voz alta cada mañana o antes de irte a dormir. Esto creará un campo de intención que puede guiar e informar tu viaje.

Durante la experiencia psicodélica en sí, puedes traer a la mente estas preguntas, pero no te aferres a ellas. Permite que el viaje se despliegue orgánicamente, confiando en que lo que necesitas saber se revelará de la manera adecuada. Estate abierto a recibir respuestas en formas inesperadas - a través de imágenes, emociones, sensaciones corporales o intuiciones repentinas.

Si en algún momento durante el viaje sientes que estás forzando una respuesta o que la exploración se siente peligrosa o abrumadora, recuerda que tienes el derecho de retroceder. Algunas preguntas pueden no estar listas para ser contestadas en este momento, y eso está perfectamente bien. La integridad de tu bienestar debe ser siempre la máxima prioridad.

Después del viaje, tómate un tiempo para escribir sobre cualquier percepción o visión que hayas recibido, sin juzgar o interpretar demasiado. Date espacio para digerir e integrar la experiencia gradualmente. Puedes volver a tus Preguntas Esenciales con una nueva perspectiva, observando si se han transformado o si han surgido nuevas comprensiones.

# Caso: Encuentro con el Espíritu del Desierto

## Datos del Contexto
- Paciente: Mujer, 36 años
- Ocupación: Arquitecta paisajista
- Motivo: Búsqueda de propósito vital tras pérdida de la madre
- Sustancia: Ayahuasca (50ml) en dos dosis
- Espacio: Desierto de Sonora, espacio ceremonial abierto

- Equipo: Chamán tradicional, médico especializado en medicina psicodélica, terapeuta observador
- Hora: Inicio al atardecer
- Duración: 8 horas

## Notas del Terapeuta Observador

Las siguientes son transcripciones directas de las palabras de la paciente y descripciones de su comportamiento no verbal. Por protocolo, el chamán guía la ceremonia principalmente en silencio, interviniendo solo para asegurar la seguridad del espacio.

[Pre-ceremonia, 18:30]

La paciente (Elena) se sienta en el círculo ceremonial, frotando nerviosamente arena entre sus dedos. "El desierto... huele diferente al atardecer. Como a tierra caliente y algo más... algo que no puedo nombrar."

[T+0:45]

Elena mira fijamente el horizonte. Su postura ha cambiado, más relajada. "Las dunas... están respirando. No, no están respirando... están... pulsando. Como un corazón gigante."

[T+1:15]

Súbitamente se inclina hacia adelante, entrecerrando los ojos. "Hay algo ahí... entre los cactus. Se está moviendo pero... no deja huellas en la arena."

[T+1:30]

Risa suave. "Es... ¿un perro? Pero no es un perro normal. Su cola... (risas) su cola es un cactus. Y cambia de color con cada paso que da. Azul... verde... dorado..."

[T+1:45]

Elena extiende su mano hacia el aire vacío frente a ella. "Se está acercando... tiene los ojos más sabios que he visto nunca. Como si hubiera existido desde el principio del tiempo."

[T+2:00]

"Me está hablando... pero no con palabras. Es más como... ¿conocen esa sensación cuando el viento del desierto toca tu piel? Así se siente su voz en mi mente."

[T+2:15]

Lágrimas silenciosas. "Dice que conoció a mi madre. No aquí... en otro lugar. Un lugar donde el tiempo no existe. Dice que ella... (sollozos) dice que ella está bailando con las estrellas."

[T+2:30]

"Su pelaje... cada vez que lo toco veo memorias. Pero no son mis memorias. Son memorias del desierto. Tormentas de arena de hace mil años. Flores que florecieron una sola noche y nunca más volvieron."

[T+2:45]

Súbitamente ríe. "¡Su cola! Cuando está contento, las espinas del cactus se convierten en flores. Pequeñas flores rosadas que brillan como estrellas."

[T+3:00]

Frunciendo el ceño. "Me está mostrando algo... un patrón en la arena. Como los que yo diseño en mis jardines, pero este está vivo. Dice que es un mapa."

[T+3:15]

"No es un mapa de lugares... es un mapa de decisiones. Cada grano de arena es un momento donde dudé de mí misma. Donde tuve miedo de brillar."

[T+3:30]

Elena se levanta repentinamente, camina unos pasos y se detiene. "Está corriendo alrededor mío. Su cola... está dibujando un círculo en la arena. No, no es un círculo... es una espiral."

[T+3:45]

"¿Saben qué es gracioso? Tiene el mismo lunar en la pata que tenía el perro de mi infancia. El que me regaló mamá. Pero cuando se lo menciono, solo me guiña un ojo."

[T+4:00]

Segunda dosis de medicina administrada por el chamán.

[T+4:30]

"Se está transformando... ahora es más grande. O yo soy más pequeña. Ya no sé. Pero su pelaje... es como ver el universo entero moviéndose."

[T+4:45]

"Me está mostrando cómo bailan los cactus cuando nadie los mira. Es el baile más lento del mundo... tardan años en dar un solo paso. Pero él puede verlo. Dice que eso es lo que hacía mi madre: ver la danza secreta de las cosas."

[T+5:00]

Elena gira lentamente, siguiendo algo invisible. "Su cola deja un rastro de luz en el aire. Está escribiendo algo... pero no son palabras. Son... son los diseños que he estado soñando pero tenía miedo de crear."

[T+5:30]

"Me está contando secretos del desierto. Cómo las raíces de los cactus cantan bajo la tierra. Cómo cada estrella tiene un nombre que solo el viento conoce."

[T+6:00]

Susurrando: "Dice que debo dejar de esperar permisos. Que las semillas no piden permiso para florecer."

[T+6:30]

"Se está alejando... pero no se está yendo. Es como... como si se estuviera fundiendo con el paisaje. Como si siempre hubiera sido parte de él y yo solo... solo necesitaba los ojos correctos para verlo."

[T+7:00]

Elena permanece sentada en silencio, sonriendo ocasionalmente mientras mira el horizonte. La brisa mueve suavemente su cabello.

[T+7:30]

"¿Saben? No es una despedida. Dice que siempre ha estado aquí, en los espacios entre las cosas. En el silencio entre las palabras. En ese momento justo antes del amanecer."

## Notas Post-Ceremonia

Elena pasó la siguiente hora dibujando en su cuaderno. Los dibujos muestran patrones fractales que se asemejan tanto a huellas de animales como a diseños de jardines. En el centro de cada diseño, hay una pequeña espiral.

Cuando se le preguntó sobre la experiencia al día siguiente, Elena respondió: "Es curioso... no puedo recordar exactamente el color de su pelaje, pero puedo sentir perfectamente cómo se sentía su presencia. Como un abrazo hecho de luz del desierto."

El chamán comentó que durante toda la ceremonia, un coyote estuvo sentado en una duna cercana, observando. Cuando se lo mencionamos a Elena, solo sonrió y dijo: "Los coyotes siempre han sido los mensajeros."

## Seguimiento (1 semana después)

Elena reporta haber comenzado un proyecto de diseño de jardines xerófilos basado en patrones espirales. "Es como si el desierto me hubiera enseñado un nuevo lenguaje", explica. "Cada planta que coloco es como una palabra en una conversación con el viento."

La terapeuta nota que Elena parece más arraigada, con una nueva confianza en su intuición creativa. El tono de melancolía que la caracterizaba ha sido reemplazado por una serenidad contemplativa.

# 14. Simbología de la Naturaleza

Los elementos naturales —agua, fuego, tierra y aire— no son solo fuerzas del mundo físico. Como observó Carl Jung, son expresiones arquetípicas de nuestra psique colectiva, manifestaciones simbólicas de procesos internos profundos. Durante las experiencias psicodélicas, estos elementos emergen con una intensidad reveladora, ofreciendo claves para interpretar los estados emocionales y espirituales del viajero. Sus apariciones no son aleatorias: actúan como un lenguaje primigenio, una forma de comunicación entre el inconsciente y la conciencia expandida.

## El Agua: Fluir y Purificar

El agua es emoción en movimiento. Cuando aparece en visiones psicodélicas como ríos caudalosos, océanos insondables o lluvias torrenciales, suele señalar sentimientos reprimidos que buscan ser liberados. Para Jung, el agua era símbolo de purificación psicológica, algo que resuena en aquellos que, bajo los efectos de la psilocibina o la ayahuasca, experimentan un llanto catártico que disuelve bloqueos emocionales.

Pero el agua no solo purga, también nutre y regenera. Fuentes primordiales, lagunas cristalinas o la sensación de ser envuelto por líquido amniótico pueden representar un retorno simbólico al útero, un estado de seguridad y renacimiento. Sumergirse en aguas profundas durante un viaje psicodélico suele reflejar la disolución del ego y la apertura a una nueva forma de ser, una transformación donde la identidad rígida se funde con lo universal.

## El Fuego: Destrucción y Renacimiento

El fuego es la fuerza de la transformación radical. En visiones psicodélicas, se presenta como llamas danzantes, incendios devastadores o volcanes en erupción, símbolos de una profunda purga interna. En estos estados alterados, ser consumido por el fuego o caminar sobre brasas ardientes puede reflejar el enfrentamiento con miedos profundos y la quema de viejas estructuras psíquicas que ya no sirven.

Desde una perspectiva junguiana, el fuego encarna el arquetipo del Fénix, el eterno ciclo de muerte y renacimiento. También es la chispa prometeica, el conocimiento divino robado a los dioses, un símbolo de iluminación súbita y expansión de la conciencia. En estos viajes, la sensación de ser atravesado por una llamarada interna a menudo precede a momentos de profunda claridad y renovación psicológica.

## La Tierra: Arraigo y Cuerpo

La tierra es solidez, estabilidad, el principio que da forma a la existencia. En experiencias psicodélicas, manifestaciones como raíces enredándose en el cuerpo, montañas imponentes o la sensación de fundirse con el suelo pueden señalar la necesidad de conexión con lo tangible. Jung vinculaba la tierra con el arquetipo de la Gran Madre, la matriz fértil de la que todo surge y a la que todo regresa.

Durante un viaje, la tierra puede llamar la atención del viajero cuando este ha pasado demasiado tiempo en lo abstracto o lo trascendental. Comer tierra, enterrarse o visualizarse convertido en roca pueden ser mensajes simbólicos sobre la importancia de integrar lo espiritual en la vida cotidiana. La tierra enseña que toda revelación, por sublime que sea, debe encontrar una expresión concreta en el mundo físico.

## El Aire: Pensamiento y Trascendencia

El aire es ligereza, intelecto y expansión. Su presencia en estados visionarios —brisas que susurran secretos, cielos interminables, aves surcando el horizonte— suele asociarse con la claridad mental y la percepción de verdades más elevadas. En la teoría de Jung, el aire se relaciona con el arquetipo del Sabio, la búsqueda del conocimiento profundo y la integración de la experiencia en un todo significativo.

Muchas personas describen momentos de vuelo durante sus viajes psicodélicos, experiencias de ingravidez donde el cuerpo parece disolverse en el viento. Este tipo de visión suele coincidir con la liberación de patrones mentales restrictivos y la apertura a una conciencia más expansiva. Elevarse simboliza la trascendencia de las limitaciones personales, la fusión con lo vasto e infinito.

## Integrar el Lenguaje de los Elementos

Las experiencias psicodélicas ofrecen visiones poderosas, pero su verdadero valor radica en cómo se integran en la vida cotidiana. Una forma efectiva de hacerlo es a través de meditaciones enfocadas en los elementos: sentir la frescura del agua en la piel, encender una vela y observar el movimiento de las llamas, caminar descalzo para conectar con la tierra o respirar profundamente el aire puro. Estos ejercicios ayudan a traducir las lecciones visionarias en prácticas concretas.

Otro enfoque es la creación de altares elementales, reuniendo objetos que representen cada fuerza: conchas marinas para el agua, cristales volcánicos para el fuego, piedras para la tierra y plumas para el aire. Colocar estos símbolos en un espacio sagrado sirve como recordatorio de las experiencias vividas y ancla las revelaciones en la realidad cotidiana.

## El Bosque como Red Viviente

Un fenómeno recurrente en experiencias con psilocibina y DMT es la visión de redes miceliales luminosas que interconectan árboles, animales y seres humanos en un tejido palpitante de energía. Jung interpretaría esto como una manifestación del inconsciente colectivo, la red simbólica que une a toda la humanidad.

Curiosamente, la ciencia moderna ha confirmado la existencia de un "internet" subterráneo en los bosques: los árboles se comunican y comparten recursos a través de una red de hongos simbióticos. Estas estructuras naturales, invisibles a simple vista, se revelan con asombrosa claridad en estados expandidos de conciencia, despertando en el viajero un sentimiento de interconexión con la totalidad de la existencia.

Los elementos de la naturaleza no solo están afuera, sino dentro de nosotros. Cada visión de fuego, cada ola arrolladora, cada viento impetuoso, es un mensaje del inconsciente expresándose en su lenguaje primigenio. Comprender estos símbolos permite integrar las experiencias psicodélicas con mayor profundidad, alineando la vida con los ritmos eternos de la naturaleza.

# Caso: Diálogo con el Desierto

## Datos del Contexto
- Paciente: Hombre, 43 años
- Ocupación: Desarrollador de software
- Motivo: Burnout severo, desconexión emocional
- Sustancia: Psilocibina (4.5g hongos secos)
- Espacio: Desierto de Sonora, espacio ceremonial abierto
- Equipo: Chamán tradicional, médico, terapeuta observador
- Hora: Inicio al amanecer
- Duración: 6 horas

## Notas del Terapeuta Observador

[Pre-ceremonia, 5:45 AM]

Miguel se sienta incómodo en la arena, constantemente revisando su reloj (que le pedimos que se quite). "Es extraño... nunca había notado que el aire del desierto tiene textura."

[T+0:30]

"Las dunas... hay patrones en ellas que se parecen a los que veo en el código cuando programo. Es como si... como si todo fuera el mismo lenguaje."

[T+0:45]

Se quita los zapatos espontáneamente. "La arena está fría. Siempre pensé que estaría caliente. Hay tantas cosas que uno asume..."

[T+1:00]

"Los colores... está amaneciendo pero no es solo el sol. Es como si cada grano de arena tuviera su propia luz. Como píxeles... millones de píxeles vivos."

[T+1:15]

Súbitamente se queda muy quieto. "Puedo escuchar el desierto respirar. Es tan lento... tan antiguo. Me hace sentir ridículamente joven."

[T+1:30]

Lágrimas silenciosas. "Todo este tiempo sentado frente a pantallas... y la verdadera alta definición estaba aquí afuera."

[T+1:45]

"El viento... está moviendo la arena pero... ¿cómo nunca noté que hace música? Es como... millones de diminutos cristales cantando."

[T+2:00]

Se levanta y camina unos pasos, tocando un cactus con extrema delicadeza. "Están vivos... no solo biológicamente vivos. Tienen... tienen presencia. Como ancianos silenciosos."

[T+2:15]

"Oh... OH... puedo sentir sus raíces. No físicamente, pero... están ahí abajo, una red gigante. Es como... es exactamente como una red neuronal. ¿Cómo no lo vi antes? Es el mismo patrón que usamos en IA."

[T+2:30]

Se sienta nuevamente, pasando arena entre sus dedos. "Cada grano... cada pequeño grano tiene una historia. Miles de años siendo pulido por el viento. Y yo me quejo cuando un código tarda en compilar..."

[T+2:45]

"Las flores del cactus... están cerradas pero puedo sentir que están soñando. ¿Es una locura? Están soñando con la luna. Con abrirse en la noche."

[T+3:00]

Risa suave. "Mi código... todo mi código está basado en lógica binaria. Ceros y unos. Y aquí... aquí nada es binario. Todo es... es un espectro infinito."

[T+3:15]

"El sol... no solo calienta. Es como si estuviera programando la vida misma. Cada rayo es una línea de código en el software del universo."

[T+3:30]

Se acuesta en la arena, extendiendo brazos y piernas. "Nunca me había sentido tan pequeño y tan... correcto. Como una pequeña subrutina en un programa infinito."

[T+3:45]

"Los patrones... los patrones están en todas partes. En las dunas, en las nubes, en las espinas de los cactus. Es el mismo algoritmo repitiéndose en diferentes escalas."

[T+4:00]

"Hay un lagarto ahí... no se mueve como una máquina. Se mueve como... como poesía. Todo aquí es poesía."

[T+4:30]

Mirando sus manos. "Tengo arena bajo las uñas. Es la primera vez en años que tengo tierra real en mis manos. No pantallas, no teclados... tierra real."

[T+5:00]

"El calor está aumentando pero... es diferente ahora. Es como información. El desierto está compartiendo información a través del calor."

[T+5:15]

"Todas esas horas optimizando código... y el desierto ya tiene el sistema más optimizado del mundo. Cada gota de agua cuenta. Cada sombra importa. No hay nada redundante."

[T+5:30]

Se sienta en posición de meditación. "El silencio... el silencio del desierto no está vacío. Está lleno de datos. Es como... como el espacio entre las líneas de código. Donde realmente sucede la magia."

[T+5:45]

"Las dunas se están moviendo con el viento. Es como... como un gigantesco sistema de computación cuántica. Procesando incontables variables simultáneamente."

## Notas Post-Ceremonia

Miguel pasó la siguiente hora escribiendo en su laptop, pero de una manera notablemente diferente a su usual tecleo frenético. Cada línea era escrita con deliberada atención, con largas pausas para mirar al horizonte.

## Seguimiento (1 semana después)

El paciente reporta haber reescrito completamente el núcleo de su último proyecto. "No más código negro sobre blanco", explica. "Ahora uso un tema de colores basado en los tonos del amanecer en el desierto. Y dejé espacios... espacios para que el código respire."

Ha instalado una pequeña fuente de arena en su oficina y toma descansos regulares para observar el flujo de los granos. "Me recuerda que hay una sabiduría más antigua que todos nuestros algoritmos."

El terapeuta nota un cambio significativo en su ritmo de habla y movimiento, más fluido y menos mecánico. Ha comenzado a organizar caminatas de programadores por senderos naturales, combinando sesiones de codificación con experiencias en la naturaleza.

"El desierto me enseñó que la verdadera optimización no está en la velocidad", reflexiona, "sino en la armonía del sistema completo."

# 15. Muerte y Renacimiento

Las experiencias psicodélicas pueden precipitar un profundo proceso de muerte simbólica, manifestándose a través de intensas reacciones físicas y emocionales. Náuseas, sudoración fría, taquicardia y una desconcertante sensación de disolución corporal no son meros efectos secundarios de la sustancia, sino expresiones tangibles de un proceso arquetípico. La psique, al atravesar este umbral, se adentra en un territorio ancestral donde la muerte y el renacimiento han sido entendidos como elementos esenciales de la transformación.

Carl Jung identificó este motivo del descenso al inframundo como una constante en mitos y rituales iniciáticos de diversas culturas. En estos relatos, el héroe debe experimentar una muerte simbólica[27] para renacer transformado, despojándose de su identidad anterior y sus limitaciones. de forma análoga, en la experiencia psicodélica, la actividad de la red neuronal por defecto (DMN), vinculada con el sentido del yo, se reduce drásticamente, facilitando la disolución del ego. La sensación de fragmentación, de perderse en una vastedad infinita, no es un accidente neuroquímico sino una representación simbólica de la psique cruzando un umbral profundo.

---

[27] Joseph Campbell (1904-1987) fue un mitólogo estadounidense conocido por su trabajo sobre mitología comparada y religión. Su concepto del "monomito" o "viaje del héroe" ha influido significativamente en la narrativa moderna y la psicología.

Sin embargo, esta aparente aniquilación del yo no es un fin en sí mismo, sino el preludio de una transformación. Traumas enterrados, patrones rígidos de pensamiento y aspectos reprimidos emergen en este estado de vulnerabilidad para ser vistos, reconocidos y finalmente integrados. En términos arquetípicos, este proceso se alinea con el sacrificio del héroe, presente en innumerables mitologías. Así como el grano de trigo debe morir en la tierra para dar paso a una nueva planta, la identidad preexistente se disuelve para permitir el nacimiento de un yo más expandido y auténtico.

## Rituales de Muerte y Renacimiento

Las culturas ancestrales han comprendido que la transformación psíquica requiere rituales tangibles para anclar el cambio. En las tradiciones chamánicas, los ritos de paso son esenciales para asegurar que la muerte simbólica culmine en un renacimiento estructurado. En el contexto psicodélico, crear ceremonias personalizadas puede cumplir esta misma función:

- **Quemar o enterrar objetos** que representen identidades superadas. Esto ayuda a la psique a soltar patrones limitantes.

- **Escribir una carta de despedida** a los aspectos del yo que han sido trascendidos, luego destruirla o liberarla en el agua como acto de transformación.

- **Realizar un entierro simbólico** de recuerdos dolorosos, utilizando elementos naturales como piedras o semillas que representen la fertilidad del nuevo yo.

En la psicoterapia asistida con psicodélicos, la creación de un **"altar de renacimiento"** ha demostrado ser una práctica reveladora y profundamente catártica. Un altar de este tipo puede contener objetos que representen los valores y cualidades que se desean integrar:

- **Velas encendidas** como símbolos de la luz de la consciencia iluminando rincones oscuros de la psique.

- **Semillas o brotes** que reflejen el crecimiento de una nueva identidad.

- **Espejos**, que inviten a reflexionar sobre el nuevo yo emergente.

El acto en sí es menos importante que la intención y la carga simbólica con la que se realiza. Incluso algo tan simple como un baño con sales purificadoras puede adquirir un profundo significado si se lleva a cabo con plena consciencia de su propósito transformador.

## El Simbolismo del Renacimiento en los Mitos y la Psicología

La muerte y el renacimiento han sido símbolos universales de la psique en transformación. El **ave fénix**, que resurge de sus propias cenizas, es una poderosa metáfora del renacimiento psíquico después de un colapso existencial. En el cristianismo, la **crucifixión y resurrección de Cristo** simboliza la disolución del yo y su trascendencia hacia un estado de consciencia expandida. Para Jung, estos relatos no son meros cuentos religiosos, sino expresiones del inconsciente colectivo revelando su mecánica de transformación interna.

El esquema del **viaje del héroe**, analizado por Jung y popularizado por Joseph Campbell, ilustra claramente que la muerte simbólica no es un punto final, sino un portal iniciático hacia una identidad más profunda. Quienes atraviesan este umbral no regresan siendo los mismos. Han sido transformados, y con ello, su manera de relacionarse con el mundo cambia radicalmente.

### Imágenes Arquetípicas en la Experiencia Psicodélica

En los estados psicodélicos, las visiones que evocan este proceso de muerte y renacimiento son recurrentes. Entre las imágenes más reportadas están:

- **Crisálidas rompiéndose** para revelar mariposas resplandecientes.

- **Túneles oscuros** que conducen a una explosión de luz al final del trayecto.

- **Serpientes mudando su piel**, representando la transformación total del ser.

- **Inmersiones en aguas profundas**, seguidas de un ascenso a la superficie con una sensación de purificación y renovación.

Desde una perspectiva neurocientífica, los psicodélicos facilitan la **reestructuración de narrativas**

**autobiográficas**, permitiendo reinterpretar episodios de crisis no como eventos destructivos, sino como oportunidades de crecimiento. Estudios recientes han demostrado que la activación de la **corteza prefrontal medial** y del **giro angular**, áreas involucradas en la integración de experiencias, juega un papel clave en este proceso de reescritura de la historia personal.

# Ejercicio: Ceremonia de Despedida y Renacimiento

Antes de embarcarte en tu viaje psicodélico, es poderoso crear un ritual que honre las transformaciones psicológicas que estás a punto de atravesar. Este ejercicio te guiará en la creación de una ceremonia personal de despedida y renacimiento, permitiéndote soltar conscientemente lo que ya no te sirve y abrirte a una nueva versión de ti mismo.

Para comenzar, reúne algunos objetos que representen aspectos de tu vida que estás listo para dejar atrás. Pueden ser cartas, fotos, prendas de vestir o cualquier objeto simbólico que encarne patrones, creencias o apegos que sientes que te limitan. Coloca estos objetos en una caja o envuélvelos en un paquete.

Busca un espacio tranquilo en la naturaleza donde puedas estar a solas y en paz. Puede ser un bosque, una playa, un parque o incluso tu propio jardín. Lleva contigo los objetos que has recolectado, así como cualquier elemento que desees incluir en tu ritual, como velas, incienso, flores o un instrumento musical.

Una vez que llegues a tu lugar sagrado, toma un momento para conectar con tu entorno. Siente la tierra bajo tus pies, el aire en tu piel, los sonidos que te rodean. Enciende una vela o incienso como una forma de marcar el inicio de tu ceremonia y crear un espacio sagrado.

Cuando te sientas listo, saca los objetos que has traído y colócalos frente a ti. Tómate un tiempo para contemplar cada uno, recordando las experiencias o emociones que representan. Agradece a cada objeto por las lecciones que te ha brindado, reconociendo que en algún momento sirvieron a un propósito en tu viaje.

Ahora, con cada inhalación, imagina que estás inhalando nueva energía vital, y con cada exhalación, imagina que estás soltando todo aquello que ya no necesitas. Mientras respiras, repite en voz alta o en tu mente una afirmación de despedida y apertura, como:

"Agradezco todas las experiencias que me han traído hasta este momento. Ahora elijo soltar lo que ya no me sirve, sabiendo que siempre formará parte de mi historia. Abro espacio para una nueva vida, nuevas posibilidades y un nuevo yo. Estoy listo para renacer."

Cuando sientas que has honrado completamente estos aspectos de tu pasado, es hora de dejarlos ir simbólicamente. Puedes enterrar los objetos, quemarlos de manera segura, o simplemente dejarlos en la naturaleza para que se transformen con los elementos. Al hacerlo, imagina que estás plantando las semillas de tu nueva vida, confiando en que de este acto de soltar, algo nuevo y hermoso crecerá.

Toma un momento para sentir la liberación y la apertura que surge de este acto de despedida. Permítete sentir cualquier emoción que aparezca - tristeza, emoción, paz, expectativa. Todas son parte del proceso de transformación.

Cuando te sientas completo, cierra tu ceremonia con un acto simbólico de renacimiento. Puede ser sumergir tus manos en un arroyo cercano, caminar a través de un arco de ramas, o simplemente levantar tus brazos al cielo y tomar una respiración profunda. Marca este momento como un nuevo comienzo, una afirmación de tu compromiso con tu crecimiento continuo.

En los días previos a tu experiencia psicodélica, toma momentos para recordar y honrar esta ceremonia. Visualízate soltando los viejos patrones y abriendo espacio para nuevas percepciones y comprensiones.

Durante tu viaje psicodélico, si en algún momento te encuentras revisitando los aspectos que has soltado ceremonialmente, recuerda que ya no necesitas cargarlos. Imagina que los estás entregando al inconsciente colectivo, confiando en su sabiduría para transformarlos y tejer su esencia en el tapiz más amplio de tu ser. Permite que cualquier revelación o liberación que surja durante tu viaje se sienta como una confirmación de la nueva dirección que has elegido.

Recuerda, este ritual no se trata de negar o escapar de tu pasado, sino de integrar conscientemente sus lecciones y elegir qué llevar contigo hacia adelante. Al sincronizar simbólicamente un proceso de despedida externa con tu intención interna de transformación, estás allanando el camino para las profundas revelaciones y renovaciones que la medicina psicodélica puede catalizar.

# Caso: Sobreviviente de Cáncer

## Datos del Paciente
- Sexo: Femenino
- Edad: 45 años
- Ocupación: Profesora universitaria
- Diagnóstico: Cáncer de mama en remisión (2 años)
- Trauma: Experiencia cercana a la muerte durante quimioterapia
- Sustancia: LSD (250µg)
- Espacio: Sala terapéutica con elementos naturales, luz suave, música ambiental
- Duración: 8 horas

## Fase Preparatoria (30 Minutos Antes)

Terapeuta: "¿Qué tal el tráfico para llegar?"

Paciente: "Horrible, como siempre. Casi cancelo esta mañana, ¿sabes?"

Terapeuta: "¿Qué te hizo venir de todos modos?"

Paciente: "Mi hija me dijo algo ayer... que desde la remisión parece que solo estoy existiendo, no viviendo. Dolió escucharlo, pero tiene razón."

Terapeuta: "Debe haber sido difícil oír eso."

Paciente: (Jugando con su collar) "Lo fue. Especialmente porque todos esperan que esté feliz, ¿sabes? 'Ya pasó lo peor', dicen. Pero... ¿y si lo peor es esto? Esta... nada."

Terapeuta: "¿Has comido algo hoy?"

Paciente: "Solo un té. No podía tragar nada más. Dios, estoy temblando como una hoja... ¿podemos abrir una ventana?"

## Fase Inicial (0-60 minutos)

[T+0:25]

Paciente: (Moviéndose inquieta) "La música suena... diferente. Como si viniera de todas partes."

Terapeuta: "¿Quieres que la baje?"

Paciente: "No, está bien. Me recuerda a... (ríe nerviosamente) ¿Sabes esos momentos antes de una cirugía? Cuando los medicamentos empiezan a hacer efecto y todo se vuelve un poco irreal."

[T+0:40]

Paciente: "Mis manos están enormes. Es gracioso... durante la quimio siempre me miraba las manos. Era mi forma de saber que seguía aquí."

Terapeuta: "¿Te ayuda mirarlas ahora?"

Paciente: "No lo sé... se ven extrañas. Como si no fueran mías. ¡Oh! La planta en la esquina... está... ¿respirando?"

Terapeuta: "¿Qué más notas en la habitación?"

Paciente: "Todo está vivo. Es hermoso y aterrador al mismo tiempo. Como aquella vez en el hospital... (se detiene abruptamente)"

## Fase de Emergencia (60-180 minutos)

[T+1:15]

Paciente: (Súbitamente tensa) "Mierda... mierda, mierda."

Terapeuta: "¿Qué ocurre?"

Paciente: "El olor. ¿Lo hueles? Desinfectante hospitalario. No, no, no... no quiero volver ahí."

Terapeuta: "¿Quieres que encendamos algo de incienso?"

Paciente: "¡No! Es... espera. Es diferente. En el hospital todo era blanco y frío. Aquí hay colores... tantos colores..."

[T+1:30]

Paciente: (Riendo inesperadamente) "¿Sabes qué es lo más absurdo? Durante la quimio, tenía estas alucinaciones... veía dragones en las bolsas de medicamento. Les puse nombres y todo."

Terapeuta: "¿Qué nombres les pusiste?"

Paciente: "Al rojo le llamaba 'Destructor'. Al transparente 'Fantasma'. (Pausa) Era mi forma de no sentirme tan impotente, supongo. Como si fueran aliados y no venenos."

[T+1:45]

Paciente: (Mirando su brazo) "Las venas... se están moviendo como ríos. Es como entonces, pero... (toca la pared) esto es real, ¿verdad? Estoy aquí, no allá."

Terapeuta: "¿Qué te hace sentir que esto es diferente?"

Paciente: "Puedo elegir. En el hospital no podía elegir nada. Ni siquiera podía elegir si vivía o moría."

[T+2:15]

Paciente: (Se incorpora de repente) "¡Necesito ir al baño!"

[Al regresar, 10 minutos después]

Paciente: "Me miré al espejo... mucho rato. Mi cara seguía cambiando. Era yo durante la enfermedad, luego yo antes, luego... personas que no conozco. ¿Es normal?"

Terapeuta: "¿Cómo te hizo sentir?"

Paciente: "Al principio asustada, pero luego... (ríe) ¿Sabes? Vi a mi madre. Ella también tuvo cáncer. Nunca antes había notado cuánto nos parecemos."

## Fase de Desarrollo (180-300 minutos)

[T+3:00]

Paciente: (Dibujando en un papel) "Es extraño... sigo viendo células. Como en los libros de biología que uso para enseñar, pero vivas. Bailando."

Terapeuta: "¿Qué están haciendo esas células?"

Paciente: "Algunas mueren, otras nacen. Es un poco como... oh, esto te va a parecer una locura."

Terapeuta: "Adelante."

Paciente: "Como una fiesta. Una fiesta celular. (Ríe) Dios, sueno como una loca."

[T+3:30]

Paciente: "¿Podemos poner otra música? Algo con más... ¿vida?"

[Después del cambio de música]

Paciente: (Moviéndose suavemente) "Durante la quimio no podía ni moverme. Ahora mi cuerpo... quiere bailar. Es ridículo."

Terapeuta: "No parece ridículo."

Paciente: "Es que... se supone que esto es serio, ¿no? Estoy aquí para procesar un trauma y en vez de eso quiero bailar."

[T+4:00]

Paciente: (Mirando por la ventana) "Hay un pájaro en ese árbol. Me recuerda a la ventana del hospital. Pasé horas mirando pájaros... era mi forma de recordar que existía un mundo fuera de esas paredes."

## Fase de Profundización (300-420 minutos)

[T+5:15]

Paciente: "¿Sabes qué es lo más extraño? Toda esta experiencia... es como el cáncer pero al revés. En vez de sentir que mi cuerpo me traiciona, siento que... no sé cómo explicarlo."

Terapeuta: "Inténtalo."

Paciente: "Es como si cada parte de mí estuviera despierta. Incluso las partes que intenté dormir para sobrevivir al tratamiento."

[T+5:45]

Paciente: (Tocando su cicatriz) "Durante tanto tiempo he odiado esta marca... pero ahora... es solo una marca. Como las que tiene un árbol viejo. No es fea ni bonita, simplemente... es."

[T+6:00]

Paciente: "Tengo hambre. Es la primera vez en dos años que tengo hambre de verdad. ¿No es gracioso?"

## Integración (420-480 minutos)

[T+7:00]

Paciente: "Me siento tan cansada... pero es un cansancio diferente al de la enfermedad. Es más como después de una buena clase, cuando sabes que los estudiantes realmente aprendieron algo."

Terapeuta: "¿Qué crees que has aprendido hoy?"

Paciente: "No lo sé todavía. Es como si tuviera que digerirlo todo. Pero me siento... diferente. No transformada ni renacida ni nada tan dramático. Solo... más presente, supongo."

[T+7:30]

Paciente: "¿Puedo hacerte una pregunta tonta?"

Terapeuta: "Claro."

Paciente: "¿Crees que es posible extrañar el cáncer? No la enfermedad en sí, sino... la claridad que tenía entonces. Todo era tan simple: sobrevivir o morir."

Terapeuta: "¿Y ahora?"

Paciente: "Ahora todo es más complicado. Vivir es más complicado que sobrevivir. (Pausa) Pero quizás eso es bueno."

## Cierre

Terapeuta: "Estamos llegando al final. ¿Cómo te sientes?"

Paciente: "Exhausta. Hambrienta. Viva. (Sonríe) Creo que mi hija va a notar la diferencia."

Terapeuta: "¿Qué planes tienes para el resto del día?"

Paciente: "Sorprendentemente, quiero cocinar. Hace años que no cocino de verdad. Y tal vez... tal vez llame a algunos amigos. No para hablar de nada importante, solo... para estar con ellos."

La sesión fluyó de manera orgánica, con momentos significativos de conexión corporal y emocional. La paciente mostró una capacidad natural para moverse entre diferentes estados y emociones, sin forzar conclusiones o resoluciones.

Elementos significativos:

- Emergencia espontánea de humor y juego

- Reconexión con sensaciones corporales básicas (hambre, movimiento)

- Integración gradual y no forzada de la experiencia del cáncer

- Surgimiento natural de nuevos impulsos vitales

# Epílogo: Integración y Ética Psíquica

La experiencia psicodélica es un viaje profundo al inconsciente, un encuentro cara a cara con aspectos ocultos de nuestra psique que puede resultar transformador o desestabilizador, dependiendo de cómo se aborde. Carl Jung, el pionero de la psicología profunda, nos ofrece un mapa invaluable para navegar este territorio: la individuación, el proceso de convertirse en un ser integrado y autorrealizado.

La clave para una individuación exitosa radica en la integración, el delicado arte de incorporar las revelaciones de la experiencia visionaria en nuestra identidad y funcionamiento cotidianos. Esto requiere un trabajo intencional de "aterrizaje" donde buscamos restablecer una relación armónica entre las cuatro funciones psicológicas: pensamiento, sentimiento, sensación e intuición.

Para integrar el pensamiento, técnicas como la escritura automática permiten que las ideas fluyan sin censura, para luego examinarlas a la luz del discernimiento. Para el sentimiento, prácticas como la respiración consciente y la evocación de recuerdos positivos ayudan a equilibrar la apertura empática con una sana diferenciación. La sensación se reintegra mediante ejercicios de enraizamiento y atención plena en el cuerpo. Y la intuición requiere un cuidadoso discernimiento para separar las verdaderas revelaciones de las meras proyecciones.

Es esencial respetar los ritmos naturales de la psique en este proceso. Los primeros 7 días son para dejar que las emociones intensas decanten, sin caer en el análisis excesivo. Entre los días 8 y 30, el trabajo con símbolos adquiere prominencia, recurriendo a técnicas junguianas como la amplificación para situar la experiencia personal en un contexto arquetípico. Al llegar a los 90 días, es momento de traducir las visiones en cambios concretos en la vida cotidiana.

El arte es una vía regia para la integración. Pintar, esculpir, danzar, permiten dar forma tangible a lo inefable, creando un puente entre la conciencia visionaria y la realidad compartida. Herramientas como altares, diarios ilustrados, poemas, activan el lenguaje primordial del inconsciente, facilitando un diálogo continuo con sus contenidos.

Pero el proceso no está exento de riesgos. La inflación espiritual, donde el ego se identifica con los contenidos arquetípicos sin la suficiente madurez psicológica, puede llevar a delirios de grandeza y negación de la sombra. Por ello, es fundamental cultivar la humildad, reconociendo que las experiencias de unidad son estados pasajeros y no logros permanentes del yo.

Otro peligro es el sobrepensar, donde la mente discursiva intenta capturar y diseccionar cada aspecto de la vivencia numinosa, sofocando su potencial transformador. Contra esta tendencia, prácticas como el "silencio activo" en los días posteriores, absteniéndose de verbalizar el contenido del viaje, permiten que la experiencia se asiente en estratos más profundos de la psique.

La ética es un pilar ineludible en este camino. El decálogo del viajero responsable incluye el respeto a las sustancias y sus tradiciones, evitar el proselitismo, salvaguardar la confidencialidad, reconocer los propios límites, distinguir entre guía y manipulación, hacer un uso informado y seguro, comprometerse con la integración, no romantizar la experiencia y mantener los pies en la tierra.

Discernir entre una crisis de crecimiento y un colapso psicótico requiere atención a las señales de alerta: pensamiento fragmentario persistente, pérdida del anclaje espacio-temporal, dificultad para regresar al estado ordinario, paranoia o delirios de referencia. En contraste, un proceso de expansión bien encauzado se caracteriza por una integración progresiva, conexión con un sentido profundo, mejora funcional en la vida y mayor empatía.

Para quienes experimentan dificultades post-experiencia, redes especializadas de apoyo como terapeutas transpersonales, grupos de integración y prácticas de mindfulness pueden ser de gran ayuda. Abordar las disrupciones psíquicas con el mismo cuidado que cualquier otra crisis psicológica es un imperativo ético.

Rituales de cierre, simbólicos o tangibles, ayudan a estructurar la vivencia, mientras que prácticas diarias como ejercicios como llevar un diario, meditar y participar en círculos de apoyo son vitales para mantener el equilibrio.

La verdadera integración es un proceso de toda la vida, no un estado final de iluminación.

En esencia, el viaje psicodélico desde una óptica junguiana es una inmersión en el lenguaje primordial de la psique, donde mitos personales se entretejen con arquetipos universales. Emergemos de esta travesía con una narrativa existencial renovada, donde las heridas devienen portales de transformación y los miedos más profundos, umbrales de liberación.

Pero esta alquimia interior solo se consuma cuando honramos la responsabilidad que conlleva asomarse a los misterios de la mente. Encarnar las revelaciones con integridad, compartir los frutos con generosidad, transmutando el privilegio del autoconocimiento en servicio abnegado. Así es como estos poderosos catalizadores devienen verdaderas medicinas para el alma, despertando nuestro potencial más profundo para sanar, crear y amar.

La promesa última de los psicodélicos, desde esta perspectiva, no es escapar de la condición humana, sino zambullirnos más plenamente en ella. Abrazar la totalidad de nuestra luz y sombra, reencontrar lo sagrado en lo ordinario, reconocer nuestra radical interdependencia con la trama de la vida. Y desde esa conciencia expandida, trabajar humildemente para tejer un mundo donde la compasión, la belleza y la verdad rijan como principios soberanos. Ese es, quizás, el viaje que más importa.

# Anexo: Guía de Referencia sobre Sustancias Psicoactivas y Alucinógenas

La presente guía tiene como objetivo ofrecer una visión global y detallada de diversas sustancias psicoactivas, su origen cultural e histórico, las experiencias que pueden generar, así como sus aplicaciones terapéuticas y riesgos asociados. Se pretende que este documento sea accesible para aquellos que se inician en el estudio de estos compuestos, sin perder la rigurosidad y el detalle necesario para comprender su complejidad.

## 1. 5-MeO-DMT (5-metoxi-N,N-dimetiltriptamina)

### Historia y Origen

El 5-MeO-DMT es un compuesto psicodélico perteneciente a la familia de las triptaminas, que se encuentra de manera natural en diversas especies vegetales y en la piel y veneno del sapo Bufo alvarius. Su síntesis se remonta a 1936, realizada por el químico Toshio Hoshino y su colaborador Kenya Shimodaira. Además de su presencia en la naturaleza, esta sustancia ha sido utilizada en contextos rituales y chamánicos en algunas culturas sudamericanas, donde se emplea en preparados ceremoniales como el tabaco snuff sagrado.

### Efectos y Experiencia

El 5-MeO-DMT es conocido por inducir experiencias intensamente transformadoras, caracterizadas por:

- **Disolución del Ego:** Pérdida momentánea de la identidad personal, lo que puede provocar una sensación de fusión con el entorno o incluso con la totalidad del universo.

- **Estados Místicos:** Sentimientos profundos de conexión con una fuerza universal o la divinidad, a menudo interpretados como encuentros espirituales.

- **Alucinaciones y Visiones:** Percepción de patrones geométricos, colores intensificados y visiones de dimensiones alternativas o entidades.

- **Distorsión Temporal:** La percepción del tiempo puede verse alterada, experimentando minutos como si fueran horas o la sensación de atemporalidad.

- **Sensaciones Físicas:** Pueden incluir vibraciones, sensación de presión corporal y a veces escalofríos o temblores.

En dosis más elevadas, algunos usuarios relatan la sensación de atravesar diferentes planos de existencia o el encuentro con "entidades" que comunican mensajes o enseñanzas, lo que puede ser profundamente revelador o, en ciertos casos, desconcertante.

**Duración**

- **Al ser fumado o vaporizado:** La experiencia tiene una duración total de aproximadamente 15 a 45 minutos, alcanzando su punto máximo en los primeros 10 minutos.

- **Administración intranasal:** La duración se extiende a unos 45-75 minutos, aunque los picos de intensidad suelen concentrarse en los primeros 15-20 minutos.

## Consumo y Dosificación

- **Vía de inhalación (fumado/vaporizado):** Se recomienda una dosis entre 5 y 20 mg.

- **Vía intranasal:** Una dosis habitual oscila entre 5 y 15 mg.

Se desaconseja el consumo oral, ya que la interacción con inhibidores de la monoaminooxidasa (IMAO) puede producir efectos secundarios no deseados o aumentar el riesgo de reacciones adversas.

## Posibles Usos Terapéuticos

Investigaciones recientes y numerosos informes anecdóticos sugieren que el 5-MeO-DMT podría tener aplicaciones en el tratamiento de la depresión resistente a otros tratamientos y trastornos de ansiedad. La vivencia de experiencias místicas y la subsecuente integración personal pueden propiciar cambios profundos en la percepción y en la salud mental.

## Seguridad y Precauciones

Debido a su potencia, el 5-MeO-DMT puede desencadenar reacciones fisiológicas intensas, como náuseas, vómitos, hipertensión y alteraciones en la frecuencia cardíaca.

- **Riesgos Físicos:** Personas con afecciones cardiovasculares deben evitar su uso.

- **Riesgos Psicológicos:** Quienes padecen trastornos mentales preexistentes deben tener especial cautela, ya que la disolución del ego y la intensidad de las visiones pueden resultar desestabilizadoras.

- **Entorno Seguro:** Es esencial consumirlo en un ambiente controlado y contar con apoyo profesional o de individuos con experiencia en su manejo.

## 2. Ayahuasca

### Historia y Origen

La Ayahuasca es una bebida psicoactiva tradicional de la región amazónica, utilizada durante siglos en rituales y ceremonias chamánicas por comunidades indígenas. Su preparación clásica consiste en la combinación del liana *Banisteriopsis caapi*, que aporta alcaloides inhibidores de la MAO (como la harmina), y hojas de *Psychotria viridis*, ricas en DMT. Las evidencias arqueológicas sugieren que su uso puede tener más de 1,000 años de antigüedad.

### Efectos y Experiencia

Durante una ceremonia, la Ayahuasca induce un estado alterado de conciencia que se caracteriza por:

- **Alucinaciones Sensoriales:** Visiones intensas, tanto visuales como auditivas, que pueden incluir patrones geométricos, paisajes oníricos y encuentros con figuras simbólicas.

- **Introspección Profunda:** Revivir recuerdos, confrontar emociones reprimidas y alcanzar estados de introspección que facilitan procesos de sanación emocional.

- **Catarsis Emocional:** Experiencias intensas que pueden conllevar la liberación de tensiones emocionales acumuladas.

- **Alteración de la Percepción del Tiempo y Espacio:** Los usuarios pueden sentir que el tiempo se expande o se contrae y que la realidad se vuelve maleable.

- **Efectos Físicos:** Náuseas, vómitos y diarrea son comunes y se consideran parte del proceso de "purga" que acompaña la experiencia.

## Duración

- **Duración Total:** Aproximadamente entre 4 y 8 horas.

- **Inicio y Pico:** Los efectos comienzan entre 20 y 60 minutos tras la ingesta, alcanzando su punto máximo a la 1-2 horas, y se mantienen intensos durante 2 a 4 horas.

## Consumo y Dosificación

La Ayahuasca se ingiere en forma de brebaje.

- **Dosis Tradicionales:** Pueden variar según el chamán, la concentración de los componentes y la sensibilidad del participante. Generalmente, se administran entre 50 y 200 mL por sesión, aunque esta cantidad puede adaptarse a las circunstancias ceremoniales y personales.

## Posibles Usos Terapéuticos

Estudios clínicos y testimonios sugieren que la Ayahuasca puede ser eficaz en el tratamiento de:

- Depresión y ansiedad.

- Trastorno de estrés postraumático (TEPT).

- Adicciones.

- Problemas existenciales en pacientes con enfermedades terminales.

La capacidad de provocar experiencias místicas y la apertura a la introspección se asocian a la mejora en la calidad de vida y la resiliencia emocional.

**Seguridad y Precauciones**

- **Interacciones Medicamentosas:** No se debe combinar con antidepresivos (como los ISRS) ni con otros inhibidores de la MAO, ya que esto puede desencadenar crisis hipertensivas u otras reacciones adversas.

- **Condiciones de Salud:** Personas con antecedentes de psicosis o enfermedades cardíacas deben abstenerse de su uso.

- **Supervisión Profesional:** La experiencia debe realizarse bajo la guía de un chamán o facilitador experimentado, en un entorno seguro y estructurado, que permita una adecuada integración post-experiencia.

### 3. DMT (N,N-Dimetiltriptamina)

**Historia y Origen**

El DMT es una de las sustancias psicodélicas más potentes y se encuentra de manera natural en numerosas plantas y algunos animales. Fue sintetizado por primera vez en 1931 por el químico canadiense Richard Manske, y posteriormente, en 1946, el etnobotánico brasileño Gonçalves de Lima logró aislarlo a partir de la corteza de *Mimosa tenuiflora*. Además, se ha teorizado sobre su producción endógena en el cerebro humano, lo que ha generado numerosas investigaciones sobre su papel en estados alterados de conciencia.

## Efectos y Experiencia

El DMT, cuando se fuma o vaporiza, genera una experiencia extremadamente intensa y de corta duración, que se caracteriza por:

- **"Breakthrough" o Traspaso:** Los usuarios frecuentemente describen la experiencia como un viaje repentino a otro reino o dimensión.

- **Visiones y Alucinaciones:** Se reportan imágenes geométricas, paisajes oníricos y la presencia de "entidades" o seres autónomos con los que se establece una especie de comunicación.

- **Disolución del Ego:** La identidad personal se disuelve, permitiendo una percepción de unidad con el entorno o incluso con el cosmos.

- **Distorsión del Tiempo y del Espacio:** La experiencia se desarrolla en un marco temporal muy distinto al de la realidad cotidiana.

- **Sensaciones Físicas:** Pueden incluir escalofríos, vibraciones y una sensación de energía que recorre el cuerpo.

## Duración

- **Vía Inhalatoria (fumado/vaporizado):** La experiencia tiene una duración de 15 a 30 minutos, con un pico de intensidad en los primeros 5-10 minutos.

- **Vía Oral (en Ayahuasca):** Cuando se consume en combinación con IMAO, la duración se prolonga entre 4 y 8 horas.

## Consumo y Dosificación

- **Vía Inhalatoria:** Se recomienda una dosis entre 20 y 50 mg.

- **Administración Oral (con IMAO, como en Ayahuasca):** La dosis puede variar entre 20 y 100 mg, dependiendo de la preparación y la interacción con otros componentes del brebaje.

## Posibles Usos Terapéuticos

El DMT ha despertado interés en el ámbito de la salud mental por su capacidad para inducir estados de introspección profunda y proporcionar revelaciones psicológicas significativas. Se investiga su potencial para:

- Reducir síntomas de depresión y ansiedad de manera rápida.

- Facilitar procesos de sanación emocional y resolución de traumas.

- Promover una mayor apertura mental y creatividad.

## Seguridad y Precauciones

- **Riesgos Fisiológicos:** Puede aumentar la frecuencia cardíaca y la presión arterial, por lo que no se recomienda para personas con problemas cardiovasculares.

- **Estabilidad Psicológica:** La intensidad de la experiencia puede ser desestabilizadora para individuos con antecedentes de trastornos psicóticos o condiciones psiquiátricas severas.

- **Entorno Seguro:** Es crucial realizar la experiencia en un entorno controlado y contar con apoyo de personas con experiencia en el uso ceremonial o terapéutico del DMT.

- **Interacciones:** No debe combinarse con otros inhibidores de la MAO a menos que se haga bajo supervisión especializada (como en el contexto de la Ayahuasca).

## 4. Hongos Psilocibios (Setas alucinógenas)

### Historia y Origen

Los hongos que contienen psilocibina, comúnmente conocidos como "hongos mágicos", han sido utilizados desde tiempos precolombinos en rituales y ceremonias en Mesoamérica. Los aztecas los denominaban *teonanácatl*, que significa "la carne de los dioses". En 1957, el químico suizo Albert Hofmann, quien también descubrió el LSD, aisló y estudió la psilocibina, lo que dio inicio a un interés científico y cultural por estas setas.

### Efectos y Experiencia

El consumo de hongos psilocibios genera una experiencia psicodélica que suele durar entre 4 y 6 horas, con efectos que incluyen:

- **Alucinaciones Visuales y Sensoriales:** Colores más intensos, patrones geométricos y distorsión de la percepción visual.

- **Cambios en el Pensamiento:** Alteración de la percepción del tiempo y del espacio, aumento en la creatividad y capacidad introspectiva.

- **Estados Emocionales Intensos:** Experimentación de sentimientos profundos, desde euforia hasta tristeza, pasando por momentos de catarsis emocional.

- **Experiencias Místicas:** Sensación de conexión con la naturaleza, el universo y, en ocasiones, con lo divino.

- **Efectos Físicos:** Pueden manifestarse náuseas, especialmente en el inicio de la experiencia, además de posibles molestias gastrointestinales.

## Duración

- **Inicio:** Aproximadamente entre 20 y 40 minutos después de la ingestión.

- **Pico:** Entre 2 y 4 horas, siendo el periodo de mayor intensidad.

- **Duración Total:** La experiencia completa se extiende por unas 4-6 horas.

## Consumo y Dosificación

Los hongos psilocibios se consumen, por lo general, de forma oral, ya sea en su estado fresco o seco.

- **Dosis Típicas:**

  - *Microdosis:* 0,1 a 0,5 g de hongos secos.

  - *Dosis baja:* 0,5 a 2 g.

  - *Dosis moderada:* 2 a 3,5 g.

  - *Dosis alta:* 3,5 a 5 g o más.

La dosificación debe ajustarse a la experiencia previa del usuario, la especie del hongo y el entorno de consumo.

## Posibles Usos Terapéuticos

La terapia asistida con psilocibina ha mostrado resultados prometedores en el tratamiento de:

- Depresión resistente a tratamientos convencionales.

- Ansiedad, particularmente en pacientes con enfermedades terminales.

- Trastorno de estrés postraumático (TEPT) y adicciones.

- Incremento de la creatividad y apertura emocional.

Los estudios señalan que las experiencias con psilocibina pueden generar cambios duraderos en la percepción de la vida y mejorar la resiliencia emocional.

## Seguridad y Precauciones

- **Riesgos de Confusión:** La identificación errónea de especies puede conducir a intoxicaciones graves, por lo que es fundamental la correcta identificación botánica.

- **Reacciones Emocionales:** Las experiencias intensas pueden resultar abrumadoras; se recomienda la presencia de un facilitador o guía experimentado.

- **Contraindicaciones:** Personas con antecedentes de psicosis o trastornos psiquiátricos severos deben evitar su consumo.

## 5. LSD (Ácido Lisérgico Dietilamida)

## Historia y Origen

El LSD fue sintetizado por primera vez en 1938 por el químico suizo Albert Hofmann, a partir del ergot, un hongo parásito que crece en granos de centeno. Hofmann descubrió accidentalmente sus potentes efectos psicodélicos en 1943. Durante las décadas de 1950 y 1960, el LSD fue objeto de numerosos estudios clínicos por sus posibles aplicaciones terapéuticas, hasta que su uso se restringió legalmente en muchos países.

**Efectos y Experiencia**

El LSD produce una experiencia prolongada y multifacética que puede incluir:

- **Alucinaciones y Distorsiones Visuales:** Percepción de colores intensificados, patrones dinámicos y distorsiones en la forma y tamaño de los objetos.

- **Alteraciones Cognitivas:** Pensamientos acelerados, sinestesia (mezcla de sentidos) y alteraciones en la forma de procesar la información.

- **Intensificación Emocional:** Amplificación de estados emocionales, desde la euforia hasta momentos de ansiedad.

- **Sensación de Unidad:** Muchos usuarios reportan una sensación de conexión profunda con el entorno, con otras personas y con la existencia en general.

- **Experiencias Místicas:** Pueden incluir revelaciones espirituales y cambios profundos en la percepción de la realidad.

**Duración**

- **Inicio:** Aproximadamente 30-60 minutos después de la ingestión.

- **Pico:** Se alcanza entre las 3 y 5 horas.

- **Duración Total:** La experiencia puede extenderse entre 8 y 12 horas.

**Consumo y Dosificación**

El LSD se suele consumir oralmente, comúnmente impregnado en papel secante (blotter) o en forma líquida.

- **Dosis Típicas:**

  - *Dosis umbral:* Aproximadamente 20 µg.

  - *Dosis ligera:* 25-75 µg.

  - *Dosis común:* 50-150 µg.

  - *Dosis alta:* 150-400 µg o más, dependiendo de la experiencia deseada.

## Posibles Usos Terapéuticos

Investigaciones actuales y estudios históricos sugieren que el LSD puede tener beneficios en el tratamiento de:

- Depresión y ansiedad.

- Trastorno de estrés postraumático (TEPT).

- Adicciones y problemas de abuso de sustancias.

- Fomentar la creatividad y la apertura mental.

La terapia asistida con LSD, bajo condiciones controladas, ha mostrado resultados positivos en la transformación personal y en el incremento de la flexibilidad cognitiva.

## Seguridad y Precauciones

- **Riesgos Psicológicos:** Debido a su prolongada duración, el LSD puede resultar abrumador para algunas personas y exacerbar condiciones latentes como la psicosis.

- **Efectos Fisiológicos:** Aunque los riesgos físicos son relativamente bajos, se ha reportado aumento de la presión arterial y frecuencia cardíaca.

- **Entorno de Consumo:** Es imprescindible que el usuario se encuentre en un ambiente seguro y con acompañamiento, para poder integrar adecuadamente la experiencia.

## 6. Cannabis (Marihuana)

### Historia y Origen

El uso del cannabis se remonta a miles de años, siendo empleado con fines medicinales, espirituales y recreativos. Su origen se sitúa en regiones como el antiguo China (alrededor del 2800 a.C.) y se ha difundido a lo largo de diversas culturas en el Medio Oriente, África y América. La identificación y aislamiento del principal compuesto psicoactivo, el tetrahidrocannabinol (THC), se logró en 1964, lo que marcó el inicio de un extenso estudio científico sobre sus propiedades.

### Efectos y Experiencia

El cannabis produce una amplia gama de efectos que varían según la variedad, la dosis y la vía de administración:

- **Alteraciones Sensoriales:** Intensificación de la percepción visual, auditiva y táctil.

- **Cambios en el Estado de Ánimo:** Euforia, relajación, aumento del apetito y, en algunos casos, ansiedad o paranoia, especialmente en dosis altas.

- **Modulación Cognitiva:** Puede fomentar la creatividad y la introspección, aunque también puede alterar la concentración y la coordinación motora.

- **Efectos Físicos:** Relajación muscular, alivio del dolor y disminución de la presión intraocular, entre otros.

## Duración

- **Inhalado (fumado/vaporizado):** Los efectos suelen durar entre 2 y 4 horas, con un pico que se presenta durante la primera hora.

- **Oral (edibles):** La duración puede extenderse de 4 a 8 horas o más, con un inicio de efectos entre 30 y 90 minutos tras la ingestión.

## Consumo y Dosificación

El cannabis puede ser consumido de diversas maneras:

- **Fumado o Vaporizado:** Se recomienda iniciar con 1-2 inhalaciones para usuarios inexpertos.

- **Edibles:** Se sugiere comenzar con una dosis baja de 2,5-5 mg de THC, ya que los efectos pueden ser más potentes y de aparición retardada.

## Posibles Usos Terapéuticos

El cannabis se utiliza en el tratamiento de múltiples afecciones, tales como:

- Alivio del dolor crónico y espasmos musculares.

- Reducción de la náusea y mejora del apetito en pacientes con cáncer o SIDA.

- Tratamiento de trastornos neurológicos como la epilepsia.

- Manejo de síntomas en trastornos de ansiedad, insomnio y estrés postraumático.

## Seguridad y Precauciones

- **Efectos Cognitivos:** El uso excesivo, especialmente en adolescentes, puede afectar el desarrollo cognitivo.

- **Implicaciones en la Conducción:** El consumo puede afectar la coordinación y el juicio, aumentando el riesgo de accidentes.

- **Dependencia:** Aunque se considera de bajo potencial adictivo en comparación con otras sustancias, el uso regular puede llevar a dependencia.

- **Contraindicaciones:** Personas con antecedentes de psicosis o enfermedades cardiovasculares deben usarlo con precaución.

## 7. MDMA (3,4-Metilendioximetanfetamina)

### Historia y Origen

El MDMA fue sintetizado inicialmente en 1912 por el químico alemán Anton Köllisch. No obstante, fue en las décadas de 1970 y 1980 cuando se popularizó en contextos psicoterapéuticos y, posteriormente, como droga en ambientes recreativos. Su potencial terapéutico en el tratamiento del trastorno de estrés postraumático (TEPT) ha sido redescubierto en años recientes, abriendo nuevas perspectivas en la salud mental.

### Efectos y Experiencia

El MDMA se caracteriza por producir un estado que combina efectos estimulantes y empatógenos:

- **Estimulación Física y Mental:** Aumento de la energía, alerta y sensación de bienestar.

- **Empatía y Conexión Emocional:** Incremento en la capacidad de sentir empatía y vinculación emocional con otros, lo que facilita la comunicación y el procesamiento de traumas.

- **Percepción Sensorial:** Potenciación de la música, las luces y otras sensaciones, aunque a dosis altas pueden aparecer leves distorsiones visuales.

- **Efectos Físicos:** Entre ellos, la tensión muscular, bruxismo (rechinar de dientes) y, en algunos casos, sudoración excesiva.

## Duración

- **Inicio:** Entre 30 y 60 minutos tras la ingestión.

- **Pico:** Entre 1,5 y 2,5 horas.

- **Duración Total:** Aproximadamente de 3 a 6 horas.

## Consumo y Dosificación

El MDMA se consume habitualmente en forma oral (tabletas o cápsulas).

- **Dosis Típicas:**

  - *Dosis umbral:* Alrededor de 30 mg.

  - *Dosis ligera:* 40-75 mg.

  - *Dosis común:* 75-125 mg.

  - *Dosis elevada:* 125-200 mg o más, aunque se debe tener especial precaución en estos casos.

## Posibles Usos Terapéuticos

La terapia asistida con MDMA ha demostrado resultados prometedores, especialmente en:

- Tratamientos para el TEPT.

- Manejo de la ansiedad en personas con trastornos en el espectro autista y en pacientes con enfermedades terminales.

- Terapias de pareja y grupales, facilitando una comunicación más honesta y emocionalmente conectada.

**Seguridad y Precauciones**

- **Riesgos Fisiológicos:** El MDMA puede aumentar la temperatura corporal, la frecuencia cardíaca y la presión arterial. La deshidratación y el sobrecalentamiento son riesgos reales, especialmente en entornos de alta actividad física.

- **Pureza y Contaminación:** En el mercado ilícito, es frecuente que el MDMA se encuentre adulterado con otras sustancias, lo que incrementa los riesgos.

- **Uso Controlado:** Su aplicación terapéutica debe realizarse en entornos clínicos bajo supervisión médica, evitando el uso recreativo sin las debidas medidas de seguridad.

## 8. Ibogaína

**Historia y Origen**

La ibogaína es un alcaloide psicoactivo extraído de la corteza de la raíz de la planta *Tabernanthe iboga*, originaria de África Occidental. Durante siglos, la iboga ha sido empleada en rituales religiosos y de iniciación dentro de la religión Bwiti en Gabón, donde se considera sagrada y portadora de enseñanzas espirituales.

## Efectos y Experiencia

La ibogaína produce una experiencia prolongada e intensa que se caracteriza por:

- **Visiones y Estados Oníricos:** Se experimentan visiones vívidas y la evocación de recuerdos profundos, lo que puede conducir a un proceso de autoevaluación y confrontación personal.

- **Revisión de Vida:** Muchos usuarios relatan un "repaso" de experiencias vitales, lo que favorece la toma de conciencia sobre patrones de comportamiento y traumas pasados.

- **Transformación Psicológica:** La experiencia puede provocar cambios significativos en la perspectiva personal y facilitar el proceso de recuperación en casos de adicción.

- **Efectos Físicos:** Náuseas, ataxia (pérdida de coordinación) y otros efectos físicos intensos son comunes durante la fase aguda.

## Duración

- **Inicio:** Entre 45 y 60 minutos después de la ingestión.

- **Pico:** Los efectos alcanzan su máxima intensidad en un lapso de 4 a 8 horas.

- **Duración Total:** La experiencia completa puede extenderse entre 24 y 48 horas, con efectos residuales que persisten durante varios días.

## Consumo y Dosificación

La ibogaína se consume generalmente en forma oral, ya sea a partir de la corteza cruda o en forma de extracto:

- **Dosis Típicas:**

  o *Dosis umbral:* 50-100 mg.

  o *Dosis ligera:* 100-200 mg.

  o *Dosis común:* 200-500 mg.

  o *Dosis elevada:* 500-1000 mg.

La dosificación debe ser cuidadosamente controlada, preferiblemente en un entorno médico o de rehabilitación especializado.

## Posibles Usos Terapéuticos

La ibogaína ha mostrado un notable potencial en:

- El tratamiento de adicciones, especialmente a opioides, estimulando la reducción de síntomas de abstinencia y la disminución de antojos.

- Facilitar procesos de sanación emocional y cambios profundos en la autoimagen.

- Potenciar un replanteamiento integral de hábitos y patrones de comportamiento autodestructivos.

## Seguridad y Precauciones

- **Riesgos Cardíacos:** La ibogaína puede inducir complicaciones cardiovasculares, por lo que su uso debe ser estrictamente supervisado por profesionales de la salud.

- **Exigencia Física y Mental:** La intensidad de la experiencia demanda un estado físico y mental adecuado; por ello, es vital someterse a evaluaciones pre-consumo.

- **Entorno Controlado:** Su administración debe realizarse en centros especializados, donde se pueda brindar apoyo médico durante y después de la experiencia.

## 9. Peyote (Mescalina)

### Historia y Origen

El peyote es un pequeño cactus sin espinas, originario de regiones desérticas de México y el suroeste de Estados Unidos. Su uso se remonta a más de 5,700 años en las prácticas rituales y espirituales de diversas culturas indígenas. En la actualidad, el peyote es utilizado legalmente por miembros de la Iglesia Nativa Americana como sacramento sagrado.

### Efectos y Experiencia

La mescalina, el principal compuesto psicoactivo del peyote, produce una experiencia que se caracteriza por:

- **Alucinaciones Visuales:** Percepción de colores intensificados, patrones en movimiento y distorsiones en la forma y la profundidad.

- **Alteración del Pensamiento:** Cambios en la percepción del significado, la conexión con el entorno y la reflexión introspectiva.

- **Intensidad Emocional:** Las experiencias pueden ser profundamente conmovedoras, generando una amplia gama de emociones desde la euforia hasta la melancolía.

- **Sensación Corporal:** Puede ir acompañada de molestias gastrointestinales, como náuseas y vómitos, que en el contexto ceremonial se interpretan como parte del proceso de purificación.

**Duración**

- **Inicio:** Los efectos suelen manifestarse entre 30 y 60 minutos después de la ingestión.

- **Pico:** Se alcanza aproximadamente entre las 2 y 4 horas.

- **Duración Total:** La experiencia completa dura entre 8 y 12 horas.

**Consumo y Dosificación**

El peyote se consume tradicionalmente en forma de botones secos o en infusión:

- **Dosis Típicas (en términos de mescalina):**

  o *Dosis umbral:* 50-200 mg.

  o *Dosis ligera:* 200-400 mg.

  o *Dosis común:* 200-500 mg.

  o *Dosis elevada:* Más de 500 mg.

La dosificación varía según la sensibilidad individual y la experiencia del facilitador en ceremonias tradicionales.

**Posibles Usos Terapéuticos**

Aunque la investigación moderna es limitada, algunos estudios y experiencias anecdóticas sugieren que la mescalina podría tener aplicaciones en:

- El tratamiento de la depresión y la ansiedad.

- La mejora en la autoconciencia y la resolución de conflictos internos.

- La promoción de estados de introspección y sanación espiritual.

**Seguridad y Precauciones**

- **Reacciones Físicas:** El uso de peyote suele acompañarse de efectos secundarios gastrointestinales significativos, que son parte del proceso de "purga".

- **Efectos Psicológicos:** Las experiencias pueden ser emocionalmente intensas, por lo que se recomienda un entorno ceremonial con la guía de expertos.

- **Sostenibilidad:** Es vital respetar la especie, ya que el peyote es vulnerable y su recolección debe realizarse de manera legal y sostenible.

**10. Salvia Divinorum**

**Historia y Origen**

La *Salvia divinorum* es una planta perteneciente a la familia de la menta, originaria de la región de Oaxaca, México. Durante siglos, ha sido utilizada por los chamanes mazatecos para propósitos de adivinación y sanación. Su compuesto psicoactivo, la salvinorina A, actúa de forma única sobre los receptores opioides kappa, diferenciándola de otros psicodélicos.

## Efectos y Experiencia

El consumo de salvia produce una experiencia breve pero intensamente disociativa, que se caracteriza por:

- **Distorsión Sensorial:** Percepción alterada de la realidad, con cambios drásticos en la visión y la audición.

- **Alteración de la Conciencia:** Los usuarios pueden experimentar una pérdida momentánea del sentido del yo, con la sensación de "fusionarse" con el entorno o de transitar por realidades paralelas.

- **Experiencias Inusuales:** Se reportan encuentros con entidades o la sensación de experimentar dimensiones desconocidas.

- **Efectos Motores:** La coordinación y el control corporal se ven comprometidos, haciendo imprescindible la presencia de un entorno seguro.

## Duración

- **Vía Inhalatoria (fumada):** Los efectos se desarrollan de forma muy rápida, alcanzando su pico en aproximadamente 5 minutos y durando entre 5 y 15 minutos en total.

- **Vía Oral (masticada):** Cuando se consume de esta manera, la experiencia puede prolongarse hasta 30-60 minutos, aunque de forma menos intensa.

## Consumo y Dosificación

La salvia se consume tradicionalmente masticando las hojas frescas o elaborando infusiones, aunque también se utiliza en forma de extractos concentrados:

- **Extractos:** Se clasifican según su potencia (por ejemplo, extractos 5x, 10x, hasta 80x), lo que determina la intensidad del efecto.

- **Dosis:** La cantidad varía en función de la concentración del extracto y la experiencia previa del usuario. Es aconsejable comenzar con dosis bajas en entornos controlados.

## Posibles Usos Terapéuticos

Si bien la investigación es todavía incipiente, algunos estudios preliminares sugieren que la salvia podría tener aplicaciones en el tratamiento de:

- Adicciones, al facilitar la desconexión de patrones de comportamiento compulsivo.

- Trastornos del estado de ánimo, al ofrecer nuevos enfoques para la introspección y el replanteamiento personal.

## Seguridad y Precauciones

- **Entorno Seguro:** Debido a la rápida pérdida de control motor y la intensidad disociativa, es imprescindible consumir salvia en un entorno seguro y en compañía de personas de confianza.

- **Contraindicaciones:** Personas con enfermedades cardíacas o antecedentes de trastornos psicóticos deben abstenerse de su uso.

- **Legalidad:** La regulación de la salvia varía según la jurisdicción; es importante conocer la legislación local antes de su consumo.

## Consideraciones Finales

Este compendio ofrece una visión integral sobre diversas sustancias psicoactivas y alucinógenas, resaltando tanto su valor cultural e histórico como sus aplicaciones terapéuticas emergentes y los riesgos asociados a su uso. Es fundamental recordar que:

- **Investigación y Educación:** El conocimiento es la herramienta primordial. Antes de explorar cualquiera de estas sustancias, es indispensable informarse a fondo, conocer la dosificación adecuada, las posibles interacciones y las implicaciones legales de cada sustancia.

- **Preparación y Contexto:** La experiencia psicodélica depende en gran medida del "set and setting" (estado mental y entorno). Un ambiente seguro y el acompañamiento de guías o profesionales experimentados son esenciales para maximizar los beneficios y minimizar los riesgos.

- **Integración Post-Experiencia:** Los cambios y revelaciones obtenidos durante las experiencias pueden ser profundos. La integración a través de terapias, apoyo psicológico y reflexión personal es crucial para transformar esas vivencias en crecimiento personal y sanación.

- **Precaución y Responsabilidad:** Todas estas sustancias, a pesar de su potencial terapéutico, pueden desencadenar reacciones adversas, tanto a nivel físico como psicológico. No se recomienda su uso impulsivo o recreativo sin la debida preparación y supervisión.

La exploración de estados alterados de conciencia, cuando se realiza con respeto y responsabilidad, puede abrir caminos hacia el autoconocimiento y la sanación. Sin embargo, es vital recordar que la verdadera transformación no proviene únicamente de la sustancia en sí, sino del proceso de integración y reflexión que sigue a la experiencia.

**Advertencia:**

El uso de sustancias psicoactivas conlleva riesgos y puede no ser adecuado para todos. Este documento se ofrece con fines informativos y no constituye una recomendación para su consumo. Ante cualquier duda, consulte siempre a profesionales especializados en salud mental y terapias psicodélicas.

Esta guía ampliada pretende servir como herramienta de referencia para investigadores, terapeutas y personas interesadas en el estudio y uso responsable de estas sustancias. Con un enfoque profesional y de fácil comprensión, se invita a la reflexión crítica y al respeto hacia las tradiciones culturales y las nuevas aplicaciones terapéuticas emergentes.